Angelika Landmann

Tyvanisch
Kurzgrammatik

Angelika Landmann

Tyvanisch
Kurzgrammatik

2017

Harrassowitz Verlag · Wiesbaden

Bibliografische Information der Deutschen Nationalbibliothek
Die Deutsche Nationalbibliothek verzeichnet diese Publikation in der Deutschen Nationalbibliografie; detaillierte bibliografische Daten sind im Internet über http://dnb.dnb.de abrufbar.

Bibliographic information published by the Deutsche Nationalbibliothek
The Deutsche Nationalbibliothek lists this publication in the Deutsche Nationalbibliografie; detailed bibliographic data are available on the internet at http://dnb.dnb.de.

Informationen zum Verlagsprogramm finden Sie unter
http://www.harrassowitz-verlag.de

Gedruckt auf alterungsbeständigem Papier
Druck und Verarbeitung: Hubert & Co., Göttingen
Printed in Germany

ISBN 978-3-447-10688-7

Inhaltsverzeichnis

Vorwort

Die vorliegende Kurzgrammatik des Tyva vermittelt auf 128 Seiten die wichtigsten Grundlagen der tyvanischen Grammatik in knapper, übersichtlicher und leicht verständlicher Form, ohne dass es der Kenntnis einer anderen Turksprache bedarf. Die einzelnen Kapitel sind nach grammatischen Kategorien geordnet, die Erklärungen werden jeweils durch Beispielsätze aus der Alltagssprache veranschaulicht.

Der Anhang enthält eine Liste der im Buch behandelten Suffixe, eine Übersicht über die deutschen Nebensätze und ihre tyvanischen Entsprechungen, ein alphabetisches Vokabelverzeichnis, ein Sachregister sowie ein Verzeichnis der verwendeten Literatur.

Sowohl für das Land wie auch seine Bevölkerung habe ich die Bezeichnung „Tyva“ gewählt. Die Sprachbezeichnung wird ebenfalls durch „Tyva“ wiedergegeben, wenn sie als Substantiv auftritt. In ihrem attributiven Gebrauch habe ich mich für die Bezeichnung „tyvanisch“ entschieden.

Der Einbandtext ist Anett C. Oelschlägels Buch: „Der Taigageist. Berichte und Geschichten von Menschen und Geistern aus Tuwa, Südsibirien. Zeitgenössische Sagen und andere Folkloretexte“ entnommen.

Ich danke Frau Maria Taibova und Frau Alekmaa Hovalyg für wertvolle Hinweise und Anregungen.

Heidelberg, im Mai 2017 Angelika Landmann

Lautlehre

1. Das Alphabet

Schrift		Aussprache	Beispielwort	
А	а	kurzes, hinteres a	ат	Name
Аа	аа	langes, hinteres a	аас	Mund
Б	б	b	балык	Fisch
В	в	ein mittlerer Laut zwischen b und w	теве	Kamel
Г	г	g	адыг	Bär
Д	д	d	дилги	Fuchs
Е	е	nach Vokal je	үе	Zeit(raum)
		nach Konsonant kurzes, vorderes e	белек	Geschenk
Ё	ё	jo	самолёт	Flugzeug
Ж	ж	stimmhaftes, vorderes sch	бажың	Haus
З	з	stimmhaftes s	зал	Saal
И	и	kurzes, vorderes i	иви	Rentier
Ии	ии	langes, vorderes i	диис	Katze
	й	deutsches j	ай	Mond
К	к	k	куш	Vogel
Л	л	l	лампа	Lampe
М	м	m	мал	Vieh
Н	н	n	ном	Buch
	ң	nasales n	соңга	Fenster
О	о	kurzes, offenes o	хол	Hand, Arm
Оо	оо	langes, offenes o	оол	Sohn, Junge
Ө	ө	kurzes, offenes ö	өг	Jurte
Өө	өө	langes, offenes ö	хөө	Ruß
П	п	p	пар	Tiger
Р	р	Zungen-r	рецепт	Rezept
С	с	stimmloses s	сүт	Milch
Т	т	t	тайга	Taiga
У	у	kurzes u	уруг	Kind
Уу	уу	langes u	суур	Dorf
Ү	ү	kurzes ü	сүт	Milch

Үү	үү	langes ü	дүлгүүр	Schlüssel
Ф	ф	f	футбол	Fußball
Х	х	hinteres ch	хем	Fluss
Ц	ц	ts	концерт	Konzert
Ч	ч	stimmloses tsch	чай	Sommer
Ш	ш	vorderes sch	шай	Tee
	ъ	Härtezeichen (s.u.)	аът	Pferd
Ы	ы	kurzes, hinteres ï	ыт	Hund
Ыы	ыы	langes, hinteres ï	ыыт	Stimme
	ь	Weichheitszeichen; es erscheint nur in russischen Wörtern	июнь почтальон	Juni Briefträger
Э	э	am Wortanfang kurzes, vorderes e	эжик	Tür
		nach Vokal e mit vorausgehendem Stimmbandverschluss	аэропорт	Flughafen
Ээ	ээ	langes, vorderes e	өрээл	Zimmer
Ю	ю	ju	оюн	Spiel
Я	я	ja	ыяш	Baum

Infolge der Übernahme der Buchstaben **е**, **я** und **ю** zur Wiedergabe der Lautverbindungen **йе**, **йа** und **йу** kommt es gelegentlich dazu, dass die Grenzen zwischen Wortstamm und Suffix verschwimmen:

мөгей-	sich verneigen	мөгей-ер > мөгеер	er verneigt sich
шөй-	herausziehen	шөй-ер > шөер	er zieht heraus
чай-	winken	чай-ар > чаяр	er winkt
хой	Schaf	хой-увус > хоювус	unser Schaf

Das Härtezeichen **ъ** in der ersten Silbe einiger tyvanischer Wörter bedeutet einen kaum hörbaren Stimmbandverschluss nach dem Vokal:

аът	Pferd	оът	Gras

Dieser Stimmbandverschluss tritt noch in einer Reihe weiterer Wörter auf, ohne dort jedoch besonders gekennzeichnet zu sein. Nicht gekennzeichnet ist des Weiteren die leicht aspirierte Aussprache der Konsonanten **п** und **т** am Beginn einiger Wörter:

п^ар	Tiger	т^он	Mantel

2. Suffixbildung

Ein Hauptmerkmal der Turksprachen, zu denen das Tyva zählt, ist die Tatsache, dass sie als agglutinierende Sprachen ihre grammatischen Funktionen durch angehängte Silben ausdrücken. Beim Anfügen dieser sogenannten **Suffixe** sind sowohl bezüglich der Vokale wie auch der Konsonanten im Tyva eine Reihe von Regeln zu beachten.

3. Vokalharmonie

Ein weiteres Merkmal ist die sogenannte **Vokalharmonie**. Sie besagt, dass ein Wort entweder nur helle bzw. vordere oder nur dunkle bzw. hintere Vokale besitzt. Gleichzeitig ist das ganze Wort samt seinen Konsonanten hell bzw. dunkel auszusprechen. Bei Wörtern, die diesem Lautgesetz nicht folgen, handelt es sich um Fremdwörter.

Helle/vordere Vokale sind	э/е, и, ө, ү,
dunkle/hintere Vokale sind	а, ы, о, у.

Damit das Gesetz der Vokalharmonie gewahrt bleibt, erhält ein Wort mit hellen Vokalen Suffixe mit ebenfalls hellen Vokalen und ein Wort mit dunklen Vokalen Suffixe mit ebenfalls dunklen Vokalen. Dabei richtet sich der Vokal des Suffixes nach dem Vokal der unmittelbar vorangehenden Silbe. Bezüglich des Tyva gilt (vgl. hierzu die Übersicht über die tyvanischen Suffixe S. 111 ff):

Ein Suffix, das der **kleinen Vokalharmonie** folgt, erhält:

nach	den Vokal
э/е, и, ө, ү	е
а, ы, о, у	а

өрээл	Zimmer	өрээл-де	im Zimmer
шөл	Feld	шөл-де	auf dem Feld
хоорай	Stadt	хоорай-да	in der Stadt
ном	Buch	ном-да	im Buch

Ein Suffix, das der **großen Vokalharmonie** folgt, erhält:

nach	den Vokal
э/е, и	и
ө, ү	ү
а, ы	ы
о, у	у

өрээл	Zimmer	өрээл-ивис	unser Zimmer
шөл	Feld	шөл-үвүс	unser Feld
хоорай	Stadt	хоорай-ывыс	unsere Stadt
ном	Buch	ном-увус	unser Buch

<table>
<tr><th>große Vh.</th><th>Vokale</th><th>kleine Vh.</th></tr>
<tr><td rowspan="2">э</td><td>э, и</td><td>и</td></tr>
<tr><td>ө, ү</td><td>ү</td></tr>
<tr><td rowspan="2">а</td><td>а, ы</td><td>ы</td></tr>
<tr><td>о, у</td><td>у</td></tr>
</table>

4. Konsonantenharmonie

Ein besonderes Merkmal des Tyva ist, dass Konsonanten beim Anfügen von Suffixen zum Teil erheblichen Veränderungen unterliegen. So verändern sich die Konsonanten **г**, **д**, **ж**, **л**, **н**, **в** und **з** am Beginn von Suffixen je nachdem, welcher Vokal oder Konsonant ihnen unmittelbar vorausgeht:

<table>
<tr><th>nach</th><th>Vokal</th><th>г, й, р</th><th>л</th><th>м, н, ң</th><th>stimmlos. Kons.</th></tr>
<tr><td>г wird zu</td><td colspan="4">г</td><td>к</td></tr>
<tr><td>д wird zu</td><td colspan="4">д</td><td>т</td></tr>
<tr><td>ж wird zu</td><td colspan="2">ж</td><td colspan="3">ч</td></tr>
<tr><td>л wird zu</td><td colspan="2">л</td><td>д</td><td>н</td><td>т</td></tr>
<tr><td>н wird zu</td><td colspan="2">н</td><td>д</td><td>н</td><td>т</td></tr>
<tr><td>в wird zu</td><td>в</td><td colspan="2">б</td><td>м</td><td>п</td></tr>
<tr><td>з wird zu</td><td colspan="4">з</td><td>с</td></tr>
</table>

эмчи	Arzt	эмчи-ге	dem Arzt
чер	Land	чер-ге	dem Land
өрээл	Zimmer	өрээл-ге	dem Zimmer
хем	Fluss	хем-ге	dem Fluss
эш	Partner	эш-ке	dem Partner

эмчи	Arzt	эмчи-де	beim Arzt
чер	Land	чер-де	im Land
өрээл	Zimmer	өрээл-де	im Zimmer
хем	Fluss	хем-де	im Fluss
эш	Partner	эш-те	bei dem Partner

эмчи	Arzt	эмчи-же	zum Arzt
чер	Land	чер-же	zum Land
өрээл	Zimmer	өрээл-че	zum Zimmer
хем	Fluss	хем-че	zum Fluss
эш	Partner	эш-че	zum Partner

эмчи	Arzt	эмчи-лер	Ärzte
чер	Land	чер-лер	Länder
өрээл	Zimmer	өрээл-дер	Zimmer
хем	Fluss	хем-нер	Flüsse
эш	Partner	эш-тер	Partner

эмчи	Arzt	эмчи-ниң	des Arztes
чер	Land	чер-ниң	des Landes
өрээл	Zimmer	өрээл-диң	des Zimmers
хем	Fluss	хем-ниң	des Flusses
эш	Partner	эш-тиң	des Partners

бижи-	schreiben	бижи-ве	schreibe nicht
бер-	geben	бер-бе	gib nicht
кел-	kommen	кел-бе	komm nicht
өөрен-	lernen	өөрен-ме	lerne nicht
иш-	trinken	иш-пе	trinke nicht

бижи-	schreiben	бижи-зин	er soll schreiben
бер-	geben	бер-зин	er soll geben
кел-	kommen	кел-зин	er soll kommen
өөрен-	lernen	өөрен-зин	er soll lernen
иш-	trinken	иш-син	er soll trinken

Stimmhafte Konsonanten am Ende von Lehnwörtern werden wie stimmlose Konsonanten behandelt:

клуб	Klub	клуб-та	im Klub
архив	Archiv	архив-те	im Archiv
каталог	Katalog	каталог-та	im Katalog
сад	Garten	сад-та	im Garten
гараж	Garage	гараж-та	in der Garage

Umgekehrt werden die stimmlosen Endkonsonanten **п, с, т** und **ш** sowie das **к** einsilbiger Substantive wie auch ein- und mehrsilbiger Verbstämme bei Anschluss eines Suffixes, das mit Vokal beginnt, zu **в, з, д, ж** sowie zu **г** sonorisiert:

хеп	Kleidung	хев-и	seine Kleidung
диис	Katze	дииз-и	seine Katze
эът	Fleisch	эъд-и	sein Fleisch
эш	Partner	эж-и	sein Partner
шак	Uhr	шаг-ы	seine Uhr

теп-	treten	тев-ер	er tritt
кес-	schneiden	кез-ер	er schneidet
кет-	anziehen	кед-ер	er zieht an
иш-	trinken	иж-ер	er trinkt
ээк-	sich bücken	ээг-ер	er bückt sich
четтик-	erfolgreich sein	четтиг-ер	es ist erfolgreich

Bei Doppelkonsonanz jedoch bleibt **т** stimmlos:

чурт	Heimat	чурт-у	seine Heimat
эрт-	vorbeigehen	эрт-ер	er geht vorbei

Diese Lautgesetze durchziehen die gesamte tyvanische Grammatik. Mit ihrer Kenntnis genügt es, eine einzige Form in ihrer Zusammensetzung zu kennen, um die jeweils geltenden Regeln abzuleiten und selbständig alle übrigen Formen zu bilden. Daher werden im Folgenden Suffixe, die der kleinen Vokalharmonie unterliegen, mit dem Vokal **е**, und Suffixe, die der großen Vokalharmonie unterliegen, mit **и** vorgestellt. Ebenso stehen die Konsonanten **г**, **д**, **ж**, **л**, **н**, **в** und **з** am Beginn von Suffixen stellvertretend für ihre auf S. 4 beschriebenen lautlichen Veränderungen.

5. Buchstabenfolge

Allgemein wird beim Anfügen von Suffixen das Aufeinandertreffen von Vokalen vermieden:

өрээл	Zimmer	өрээл-ивис өрээл-и	unser Zimmer sein/ihr Zimmer
эмчи	Arzt	эмчи-вис эмчи-зи	unsere Arzt sein/ihr Arzt

Aus diesem Grunde beginnen viele der im Folgenden wie auch im Anhang (vgl. S. 111 ff.) wiedergegebenen Suffixe mit einem in Klammern gesetzten Anfangsbuchstaben.

6. Konsonantenhäufung

Bei Lehnwörtern, die auf zwei Konsonanten enden, wird eine weitere Konsonantenhäufung beim Anfügen von Suffixen einerseits dadurch vermieden, dass ein Hilfsvokal eingeschoben wird:

студент	Student	студент-и-лер	Studenten
поезд	Zug	поезд-и-лер	Züge

Endet ein Wort auf zwei stimmlose Konsonanten, entfällt der zweite von ihnen:

август	August	авгус-та	im August

7. Ausfall von Konsonanten

Der Konsonant **к** am Ende mehrsilbiger Substantive entfällt, wenn er bei Anfügen eines vokalisch anlautenden Suffixes zwischen Vokale gerät. Bei Wörtern, deren letzte Silbe ein **е**, **ө**, **а** oder **о** enthält, passen sich Suffixe der großen Vokalharmonie lautlich an; dabei wird ein doppeltes **е** als **ээ** wiedergegeben:

эжик	Tür	эжи-и	seine Tür
инек	Kuh	инэ-э	seine Kuh

Allgemein entfällt auch der Konsonant **г** unabhängig davon, ob er am Wortende oder am Beginn eines Suffixes steht:

өг	Wohnzelt, Jurte	ө-ө	seine Jurte
баг	Gürtel	ба-а	sein Gürtel

эг-	zurückkehren	э-эр	er kehrt zurück
хаг-	schließen	ха-ар	er schließt
чыг-	sammeln	чы-ыр	er sammelt
чуг-	waschen	чу-ур	er wäscht

Folgt ein Suffix der kleinen Vokalharmonie auf die Endvokale **и**, **ү**, **ы** oder **у** vokalisch auslautender Verbstämme, werden diese an den Vokal des Suffixes assimiliert:

бижи-	schreiben	бижэ-эн	er hat geschrieben
өөрү-	sich freuen	өөрэ-эн	er hat sich gefreut
чыры-	leuchten, strahlen	чыра-ан	er hat geleuchtet
номчу-	lesen	номча-ан	er hat gelesen

Bei einigen Verben entfällt auch ein doppeltes **г**:

дег-	berühren	дег-ген > дэ-эн	er hat berührt
каг-	werfen	каг-ган > ка-ан	er hat geworfen

Vereinzelt entfallen auch die Konsonanten **л** und **р** am Ende einsilbiger Verbstämme:

кел-	kommen	кел-ир/кэ-эр	er kommt
бол-	werden, sein	бол-ур/бо-ор	er ist/wird
бер-	geben	бэ-эр	er gibt
көр-	sehen	көө-ор	er sieht
бар-	gehen	ба-ар	er geht

8. Vokalausfall

Das Tyva besitzt einige zweisilbige, konsonantisch auslautende Substantive und Verbstämme, deren enge Vokale **и**, **ү**, **ы** oder **у** der zweiten Silbe entfallen, wenn das anschließende Suffix mit einem Vokal beginnt:

арын	Gesicht	арн-ым	mein Gesicht
моюн	Hals	мойн-ум	mein Hals

айыт-	hinweisen, zeigen	айт-ыр	er weist hin
көрүн-	sich umsehen	көрн-үр	er sieht sich um
өөрүт-	erfreuen	өөрт-үр	er erfreut
өскерил-	sich verändern	өскерл-ир	er verändert sich
сыңын-	sich anschmiegen	сыңн-ыр	er schmiegt sich an
шымын-	eintauchen, versinken	шымн-ыр	er taucht ein

Treffen bei Vokalverlust **л** und **н** aufeinander, wird das **л** regressiv an das **н** assimiliert:

кулун	Fohlen	кунн-ум	mein Fohlen
колун	Gürtel, Sattelgurt	конн-ум	mein Sattelgurt

Ein zuvor entfallenes **г** erscheint wieder, da es nun nicht mehr zwischen Vokalen liegt:

оол	Sohn	огл-ум	mein Sohn
шүүл-	siegen, gewinnen	шүгл-үр	er siegt

Die Konsonanten **в, г**, **д**, **ж** und **з**, die nun ebenfalls nicht mehr zwischen Vokalen liegen, werden stimmlos, das heißt zu **п**, **к**, **т**, **ш** und **с** (vgl. S. 6):

вс > пс	кывыс-	anzünden	кыпс-ыр	er zündet an
гс > кс	агыс-	fließen lassen	акс-ыр	er lässt fließen
дс > тс	тудус-	aushändigen	тутс-ур	er händigt aus

Treffen infolge von Vokalverlust die Konsonanten **в**, **г**, **д**, **ж** und **з** auf die Konsonanten **н** oder **л**, werden diese zu **т**; **ш** wird zu **ч**:

гн > кт	эгин	Schulter	экт-и	seine Schulter
жн > шт	ижин	Inneres, Leib	ишт-и	sein Inneres

гн > кт	сагын-	sich merken	сакт-ыр	er merkt sich
дн > тт	одун-	aufwachen	отт-ур	er wacht auf
жн > шт	эжин-	schwimmen	эшт-ир	er schwimmt
зн > ст	сезин-	vermuten	сест-ир	er vermutet

вл > пт	тывыл-	sich befinden	тыпт-ыр	er befindet sich
гл > кт	төгүл-	sich ergießen	төкт-үр	er ergießt sich
жл > шт	ужул-	ausziehen	ушт-ур	er zieht aus
зл > ст	көзүл-	sich zeigen	көст-үр	er zeigt sich

вш > пч	тывыш-	gemeinsam finden	тыпч-ырлар	sie finden gemeinsam
гш > кч	согуш-	sich bekämpfen	сокч-урлар	sie bekämpfen sich
дш > тч	тудуш-	gemeinsam fangen	тутч-урлар	sie fangen gemeinsam
зш > сч	казыш-	gemeinsam graben	касч-ырлар	sie graben gemeinsam

Trifft **ш** auf die Konsonanten **л**, **м**, **н** oder **ң**, wird es ebenfalls zu **ч**:

лш > лч	болуш-	unterstützen	болч-ур	er unterstützt
мш > мч	хөмүш-	gemeinsam vergraben	хөмч-үрлер	sie vergraben gemeinsam

нш > нч	боданыш-	gemeinsam überlegen	боданч-ырлар	sie überlegen gemeinsam
ңш > нч	сыңыш-	Platz finden	сыңч-ыр	er findet Platz

Nach **р** jedoch wird **ш** stimmhaft:

рш > рж	кириш-	teilnehmen	кирж-ир	er nimmt teil

Nach **й** und **л** wird **с** ebenfalls stimmhaft:

йс > йз	хоюс-	aufstöbern	хойз-ур	er stöbert auf
лс > лз	челис-	traben	челз-ир	er trabt

9. Betonung

Die Betonung innerhalb eines Wortes liegt nicht grundsätzlich auf einer bestimmten Silbe. Zwar werden zahlreiche Wörter auf der letzten Silbe betont, doch gibt es auch solche, die nicht dieser Regel folgen. Bestehende Betonungsregeln werden daher jeweils an der entsprechenden Stelle behandelt.

I. Das Substantiv

1. Grundform und Nominativ des Substantivs

Das tyvanische Substantiv hat keinen bestimmten Artikel; es unterscheidet auch nicht zwischen männlich, weiblich und sächlich:

Substantiv	е, и	ө, ү	а, ы	о, у
auf Vokal	эмчи *Arzt*	өшкү *Ziege*	чагаа *Brief*	кудумчу *Straße*
auf г, й, р, л	өрээл *Zimmer*	дүлгүүр *Schlüssel*	хоорай *Stadt*	уруг *Kind*
auf м, н, ң	хөйлең *Hemd*	хүн *Tag*	бажың *Haus*	ном *Buch*
mehrsilbig auf к	хөнек *Teekessel*	өңнүк *Freund*	карак *Auge*	чурук *Bild*
auf п, с, т, ш	диис *Katze*	күш *Kraft*	аът *Pferd*	чурт *Heimat*

In seiner Grundform kann es sowohl einen Singular wie auch einen Plural beinhalten. Gleichzeitig dient es auch als Nominativ Singular:

өөреникчи	bedeutet demnach *Schüler/Schülerin*, *Schüler/Schülerinnen* wie auch *der Schüler/die Schülerin.*

Das Demonstrativpronomen *dieser, diese, dieses* lautet **бо** (vgl. S. 30):

бо өөреникчи	bedeutet *dieser Schüler/diese Schülerin.*

Das Zahlwort **бир** *eins* dient auch als unbestimmter Artikel:

бир өөреникчи	bedeutet *ein Schüler/eine Schülerin.*

Nach Mengenangaben bleibt das Substantiv meist in seiner Grundform:

үш өөреникчи	bedeutet *drei Schüler/drei Schülerinnen*,
хөй өөреникчи	bedeutet *viele Schüler/viele Schülerinnen.*

Der Nominativ antwortet auf die Fragen **кым** *wer*, **чүү** *was*:

Бо кым-дыр?	Wer ist das?
Бо – Эрес-оол.	Das ist Eres-ool.

Бо чүү-дүр?	Was ist das?
Бо – ном-дур.	Das ist ein Buch.

Substantiv	Plural	Possessive	Kasus	
эмчи	-лер		---	Nominativ
			-ниң	Genitiv
			-ге	Dativ
			-ни	Akkusativ
			-де	Lokativ
			-ден	Ablativ
			-же	Direktiv

2. Der Plural

Der Plural wird durch das Suffix **-лер** wiedergegeben. Er wird verwendet, um die Mehrzahl von Einzelpersonen oder -dingen zu bezeichnen:

е, и	ө, ү	а, ы	о, у
эмчилер	өшкүлер	чагаалар	кудумчулар
өрээлдер	дүлгүүрлер	хоорайлар	уруглар
хөйлеңнер	хүннер	бажыңнар	номнар
хөнектер	өңнүктер	карактар	чуруктар
диистер	күштер	аъттар	чурттар

Бо уруглар өөреникчи.	Diese Kinder sind Schüler.
Өөреникчилер кичээнгейлиг.	Die Schüler sind aufmerksam.

3. Der Genitiv

Der Genitiv antwortet auf die Fragen **кымның** *wessen*, **чүнүң** *welcher Sache* und wird durch das Suffix **-ниң** ausgedrückt; er tritt vor allem im Zusammenhang mit dem Possessiv der 3. Person auf (vgl. S. 23):

е, и	ө, ү	а, ы	о, у
эмчиниң	өшкүнүң	чагааның	кудумчунуң
өрээлдиң	дүлгүүрнүң	хоорайның	уругнуң
хөйлеңниң	хүннүң	бажыңның	номнуң
хөнектиң	өңнүктүң	карактың	чуруктуң
диистың	күштүң	аъттың	чурттуң

Бо кымның номул?	Wessen Buch ist das?
Бо – башкының ному.	Dies ist das Buch des Lehrers.

Daneben besitzt das Tyva ein Suffix **-нии**, mit dessen Hilfe *gehören* zum Ausdruck gebracht wird (vgl. S. 104):

Бо ном кымныы?	Wessen ist dieses Buch = wem gehört dieses Buch?
Бо ном башкыныы.	Dieses Buch ist dasjenige des Lehrers = dieses Buch gehört dem Lehrer.

4. Der Dativ

Der Dativ antwortet auf die Fragen **кымга** *wem*, *zu wem*, **кая**, **кайнаар** *wohin*, **чүге** *wozu, wonach* wie auch zeitlich *bis wann* (vgl. S. 49). Das Dativsuffix lautet **-ге**; das **г** bleibt zwischen Vokalen erhalten:

е, и	ө, ү	а, ы	о, у
эмчиге	өшкүге	чагаага	кудумчуга
өрээлге	дүлгүүрге	хоорайга	уругга
хөйлеңге	хүнге	бажыңга	номга
хөнекке	өңнүкке	каракка	чурукка
дииске	күшке	аътка	чуртка

Кайнаар бар чор силер?	Wohin geht ihr?
Бис библиотекага кире дүжер бис.	Wir gehen kurz in die Bibliothek.

Кымга бижип тур сен?	Wem schreibst du?
Мен өңнүктерге бижип тур мен.	Ich schreibe den Freunden.

Darüber hinaus gibt der Dativ die Ziel- und Zweckrichtung sowie die Höhe des Preises wieder, den man für eine Sache bezahlt hat:

Бөгүн дүштеки чемге чүү барыл?	Was gibt es heute zum Mittagessen?
Бөгүнгү шииге билет садып алып/ап болур бе?	Kann man für die heutige Vorstellung Karten kaufen?
Мен чээрби рубльге номнар садып алдым.	Ich habe für zwanzig Rubel Bücher gekauft.

Bei häufig gebrauchten Wendungen bleibt das Dativobjekt in seiner Grundform:

Бөгүн кежээ кайнаар баар силер?	Wohin geht ihr heute Abend?
Театр баар бис.	Wir gehen ins Theater.
Бис кино баар бис.	Wir werden ins Kino gehen.

In Sätzen, bei denen das Prädikat des Satzes im Präsens-Futur oder Perfekt steht, verwendet das Tyva anstelle des Lokativs den Dativ für die Ortsangabe:

Чайын үргүлчү чайлагга турар бис.	Im Sommer sind wir immer auf der Sommerweide.
Мен Кызылга төрүттүнген мен.	Ich bin in Kyzyl geboren.
Бир чыл Москвага чурттап турган мен.	Ich habe ein Jahr in Moskau gelebt.

5. Der Akkusativ

Der Akkusativ antwortet auf die Fragen **кымны** *wen* **чүнү** *was*. Er wird im Tyva nur dann verwendet, wenn ein bestimmtes Objekt bezeichnet werden soll. Das Akkusativsuffix lautet **-ни**:

е, и	ө, ү	а, ы	о, у
эмчини	өшкүнү	чагааны	кудумчуну
өрээлди	дүлгүүрнү	хоорайны	уругну
хөйлеңни	хүнну	бажыңны	номну
хөнекти	өңнүктү	каракты	чурукту
диисты	күштү	аътты	чуртту

Чүнү дилеп тур сен?	Was suchst du?
Мен дүлгүүрнү дилеп тур мен.	Ich suche den Schlüssel.

Кымны манап тур силер?	Auf wen wartet ihr?
Бис аалчыларны манап тур бис.	Wir erwarten (die) Gäste.

Ist das Objekt dagegen unbestimmt, kann das Substantiv in seiner Grundform bleiben:

Мен ном номчудум.	Ich habe ein Buch/Bücher gelesen.

6. Der Lokativ

Der Lokativ antwortet auf die Fragen **кымда** *bei wem*, **кайда**, **каяа** *wo*, **чүде** *worin* sowie zeitlich **кажан** *wann* (vgl. S. 40) und wird im Deutschen durch die Präpositionen *in*, *an*, *auf*, *bei* und *um* ausgedrückt. Das Lokativsuffix lautet **-де**:

е, и	ө, ү	а, ы	о, у
эмчиде	өшкүде	чагаада	кудумчуда
өрээлде	дүлгүүрде	хоорайда	уругда
хөйлеңде	хүнде	бажыңда	номда
хөнекте	өңнүкте	каракта	чурукта
диисте	күште	аътта	чуртта

Уруглар кайда олур(лар)?	Wo sitzen die Kinder?
Олар садта олур(лар).	Sie sitzen im Garten.

Auch die Zeitspanne, innerhalb derer etwas geschieht, wird durch den Lokativ ausgedrückt:

Хүнде үш катап бо эмни ижер.	Dieses Medikament wird dreimal am Tag eingenommen.
Неделяда ийи катап ужуражыр бис.	Wir treffen uns zweimal in der Woche.

7. Der Ablativ

Der Ablativ antwortet auf die Fragen **кымдан** *von wem,* **кайыын** *woher*, **чүден** *woraus*, *wovon*, *wodurch, weshalb* sowie zeitlich *ab wann* (vgl. S. 40). Das Ablativsuffix lautet **-ден**:

е, и	ө, ү	а, ы	о, у
эмчиден	өшкүден	чагаадан	кудумчудан
өрээлден	дүлгүүрден	хоорайдан	уругдан
хөйлеңден	хүнден	бажыңдан	номдан
хөнектен	өңнүктен	карактан	чуруктан
диистен	күштен	аъттан	чурттан

Силер кайыын келдиңер?	Woher seid ihr gekommen?
Бис суурдан келдивис.	Wir sind aus dem Dorf gekommen.

Кымдан чагаа алдың?	Von wem hast du einen Brief bekommen?
Мен директордан чагаа алдым.	Ich habe vom Direktor einen Brief bekommen.

Бо тон чүден кылган?	Woraus ist dieser Mantel gemacht?
Бо тон кештен кылган.	Dieser Mantel ist aus Pelz gemacht.

Häufig tritt der Ablativ in seiner Funktion als ablativus partitivus auf:

Ийи чүс грамм быштактан бериңерем.	Bitte geben Sie mir zweihundert Gramm (von dem) Käse.
Шайдан кудуп берем.	Gieße mir bitte (von dem) Tee ein.

Des Weiteren gibt er die Einkaufs- und Informationsquelle, die Wegstrecke, die jemand bzw. etwas nimmt, wie auch die Ursache wieder, aus der heraus etwas geschieht:

Мен садыгдан ном садып алдым.	Ich habe im Laden Bücher gekauft.
Солундан сөөлгү медээлерни билип алдывыс.	Wir haben die neuesten Nachrichten aus der Zeitung erfahren.
Диис соңгадан өрээлге кирген.	Die Katze ist durch das Fenster ins Zimmer gekommen.
Шимээнден оттуп келдим.	Ich bin vom Lärm aufgewacht.

8. Der Direktiv

Das Tyva besitzt zwei Suffixe zur Wiedergabe von Direktiven; sie geben die Richtung wieder, in die sich jemand begibt oder schaut. Der heute fast ausschließlich verwendete Direktiv antwortet auf die Frage **кымче** *zu wem hin,* **чүже** *wozu*, **кайыже** *in welche Richtung*. Das Suffix zu seiner Bildung lautet **-же**; sein heller Vokal bleibt unverändert:

е, и	ө, ү	а, ы	о, у
эмчиже	өшкүже	чаграаже	кудумчуже
өрээлче	дүлгүүрже	хоорайже	уругже
хөйлеңче	хүнче	бажыңче	номче
хөнекче	өңнүкче	каракче	чурукче
диисче	күшче	аътче	чуртче

Кайыже чоруп тур силер?	In welche Richtung geht ihr?
Бис хөлче чоруп тур бис.	Wir gehen zum See.

Куштар чылыг чурттарже ужуп чоруй барган.	Die Vögel sind in warme Länder davongeflogen.

9. Die Possessivsuffixe der 1. und 2. Personen

Auch die Possessive werden im Tyva durch Suffixe wiedergegeben:

Substantiv	Plural	Possessive		Kasus	
эмчи	-лер	-(и)м	mein	---	Nominativ
		-(и)ң	dein	-ниң	Genitiv
			sein/ihr	-ге	Dativ
		-(и)вис	unser	-ни	Akkusativ
		-(и)ңер	euer/Ihr	-де	Lokativ
			ihr	-ден	Ablativ
				-же	Direktiv

е, и	ө, ү	а, ы	о, у
эмчим эмчиң эмчивис эмчиңер	өшкүм өшкүң өшкүвүс өшкүңер	чагаам чагааң чагаавыс чагааңар	кудумчум кудумчуң кудумчувус кудумчуңар
өрээлим өрээлиң өрээливис өрээлиңер	дүлгүүрүм дүлгүүрүң дүлгүүрүвүс дүлгүүрүңер	хоорайым хоорайың хоорайывыс хоорайыңар	уруум урууң уруувус урууңар
хөйлеңим хөйлеңиң хөйлеңивис хөйлеңиңер	хүнүм хүнүң хүнүвүс хүнүңер	бажыңым бажыңың бажыңывыс бажыңыңар	номум номуң номувус номуңар
хөнээм хөнээң хөнеээвис хөнээңер	өңнүүм өңнүүң өңнүүвүс өңнүүңер	карaам карааң караавыс карааңар	чуруум чурууң чуруувус чурууңар
диизим диизиң диизивис диизиңер	күжүм күжүң күжүвүс күжүңер	аъдым аъдың аъдывыс аъдыңар	чуртум чуртуң чуртувус чуртуңар

Die Deklination ist regelmäßig, doch kann es vorkommen, dass nach dem Possessivsuffix der 2. Person Singular das Genitiv- wie auch das Akkusativsuffix fehlen.

Арның бодава, адың бода.	Denke nicht an dein Gesicht, denke an deinen Namen.

Бо ном башкыңарныы.	Dieses Buch gehört eurem Lehrer.
Өңнүктеривиске бижип тур мен.	Ich schreibe unseren Freunden.
Мен дүлгүүрүмну дилеп тур мен.	Ich suche meinen Schlüssel.
Уруглар садыңда олур(лар).	Die Kinder sitzen in deinem Garten.
Бис сууруңардан келдивис.	Wir sind aus eurem Dorf gekommen.
Мен директорувустан чагаа алдым.	Ich habe von unserem Direktor einen Brief bekommen.
Бис бажыңывысче чоруп тур бис.	Wir gehen (zu uns) nach Hause.

Das Tyva besitzt kein Verb, das dem deutschen Verb *haben* entspricht. Um anzuzeigen, dass man etwas hat, das (zu) einem gehört, wird der Possessiv in Verbindung mit **бар** *vorhanden* bzw. **чок** *nicht vorhanden* verwendet:

Номуң бар бе?	Ist dein Buch vorhanden = hast du ein Buch?
Номум бар.	Mein Buch ist vorhanden = ich habe ein Buch.

Um auszudrücken, dass man etwas (bei sich) hat, das (zu) einer anderen Person gehört, wird der Lokativ als Prädikatsnomen eingesetzt:

Номум сенде бе?	Ist mein Buch bei dir = hast du mein Buch?
Ийе, номуң менде.	Ja, dein Buch ist bei mir = ich habe dein Buch.

Hat man eine Sache bei sich, wird dies ebenfalls durch den Lokativ, diesmal jedoch verbunden mit **бар** *vorhanden* bzw. **чок** *nicht vorhanden*, zum Ausdruck gebracht:

Сенде ном бар бе?	Ist bei dir ein Buch vorhanden = hast du ein Buch dabei?
Менде ном чок.	Bei mir ist kein Buch vorhanden = ich habe kein Buch dabei.

10. Die Possessivsuffixe der 3. Personen

Das Possessivsuffix für die 3. Personen Singular und Plural lautet **-(з)и**:

Substantiv	Plural	Possessive		Kasus	
эмчи	-лер		mein	---	Nominativ
			dein	-**н**иң	Genitiv
		-(з)и	sein/ihr	-**н**ге	Dativ
			unser	-**н**	Akkusativ
			euer/Ihr	-**н**де	Lokativ
		-(з)и	ihr	-**н**ден	Ablativ
				-**н**че	Direktiv

е, и	ө, ү	а, ы	о, у
эмчизи	өшкүзү	чагаазы	кудумчузу
өрээли	дүлгүүрү	хоорайы	уруу
хөйлеңи	хүнү	бажыңы	ному
хөнээ	өңнүү	караа	чуруу
диизи	күжү	аъды	чурту

Folgt auf die Possessivsuffixe der 3. Personen ein Kasussuffix, wird immer ein sogenanntes **pronominales н** eingeschoben. Der Akkusativ ist auf **-н** reduziert:

Оглум өңнүктеринге бижип тур.	Mein Sohn schreibt seinen Freunden.
Өнер библиотеказынга кирген.	Öner ist in seine Bibliothek gegangen.
Ававыс дүлгүүрүн дилеп тур.	Unsere Mutter sucht ihren Schlüssel.
Кожаң садында олур.	Dein Nachbar sitzt in seinem Garten.
Аалчыларыңар суурундан келдилер.	Eure Gäste sind aus ihrem Dorf gekommen.
Кызывыс директорундан чагаа алды.	Unsere Tochter hat von ihrem Direktor einen Brief bekommen.
Өөреникчилер бажыңынче чоруп турлар.	Die Schüler gehen (zu sich) nach Hause.

11. Die Genitiv-Possessiv-Konstruktion

Soll ein Eigentumsverhältnis zum Ausdruck gebracht werden und ist der Eigentümer eine dritte Person, wird er – wie im Deutschen – in den Genitiv gesetzt. Der Eigentumsgegenstand wird ihm nachgestellt und erhält das Possessivsuffix der 3. Person:

хоорайның төвү	das Zentrum der Stadt

Substantiv	Possessiv	Kasus
эмчи	-(и)м	
	-(и)ң	**-ниң**
	-(з)и	
	-(и)вис	
	-(и)ңер	
	-(з)и	

Substantiv	Possessiv	Kasus
өрээл		---
		-**н**иң
	-(з)и	-**н**ге
		-**н**
		-**н**де
		-**н**ден
		-**н**че

Бис хоорайның төвүн көрүксеп тур бис.	Wir möchten das Zentrum der Stadt besichtigen.

Оглумнуң өңнүктеринге бижип тур мен.	Ich schreibe den Freunden meines Sohnes.
Өнер институтунуң библиотеказынга кирген.	Öner ist in die Bibliothek seines Instituts gegangen.
Ававыс өрээлиниң дүлгүүрүн дилеп тур.	Unsere Mutter sucht ihren Schlüssel ihres Zimmers.
Уруглар кожаң(ның) садында олурлар.	Die Kinder sitzen im Garten deines Nachbarn.
Бис төреллериңерниң суурундан келдивис.	Wir sind aus dem Dorf eurer Verwandten gekommen.
Кызывыс директорундан чагаа алды.	Wir haben vom Direktor unserer Tochter einen Brief bekommen.
Өөреникчилер бажыңынче чоруп турлар.	Die Schüler gehen (zu sich) nach Hause.

12. Zusammengesetzte Substantive

Demgegenüber werden zusammengesetzte Substantive wie **хоорай төвү** *Stadtzentrum* oder **бижик столу** *Schreibtisch* durch eine sogenannte unvollständige Genitiv-Possessiv-Konstruktion wiedergegeben, das heißt, das erste Substantiv bleibt ohne den Genitiv, das zweite jedoch erhält das Possessivsuffix der 3. Person:

хоорай төвү	Stadtzentrum
бижик столу	Schreibtisch

Бис хоорай төвүн көрүксеп тур бис.	Wir möchten das Stadtzentrum besichtigen.

Soll ein solcher Begriff ein individuelles Possessivsuffix erhalten, wird entweder das Possessivsuffix des Grundbegriffs durch ein anderes Possessivsuffix ersetzt, oder es wird, sofern es der Kontext zulässt, eine Genitiv-Possessiv-Konstruktion gebildet:

Чаа бижик столум бар.	Ich habe einen neuen Schreibtisch.
Бис хоорайыңарның төвүн көрүксеп тур бис.	Wir möchten das Zentrum eurer Stadt besichtigen.

Daneben gibt es Substantive, die als Adjektive verwendet werden können, so dass das zweite Substantiv ohne Possessivsuffix der 3. Person bleibt:

ыяш бажың	Holzhaus, hölzernes Haus
алдын чүстүк	Goldring, goldener Ring

Anders als in anderen Turksprachen sind Nationalitätsbezeichnungen wie **тыва** *Tyva*, *tyvanisch* oder **орус** *Russe*, *russisch* keine Substantive, sondern Adjektive:

Тыва дылды өөренип турар мен.	Ich lerne die tyvanische Sprache.
Пушкин - улуг орус шүлүкчү.	Puschkin ist/war ein großer russischer Dichter.

II. Das Adjektiv

1. Der Gebrauch des Adjektivs

In seinem attributiven Gebrauch steht das Adjektiv vor dem Substantiv, auf das es sich bezieht, und bleibt undekliniert.

Куштар чылыг чурттарже ужуп чоруй барган.	Die Vögel sind in warme Länder geflogen.
Бис соок суг-биле чунуп алдывыс.	Wir haben uns mit kaltem Wasser gewaschen.

Als unbestimmter Artikel wird das Zahlwort **бир** *eins* nur im Zusammenhang mit dem Subjekt oder Objekt eines Satzes, nicht jedoch beim Prädikatsnomen eingesetzt:

Бир катап бир Вера деп аттыг херээжен кижи Тывага чедип келген. Улуг-Хемге чеде бергеш, бир улуг хамга ужурашкаш, чугаалашкан.	Einmal kam eine Frau namens Vera aus Moskau nach Tyva. Als sie in die Provinz Ulug-Chem kam, traf sie sich mit einem großen Schamanen und unterhielt sich mit ihm.
Кызыл – улуг хоорай.	Kyzyl ist eine große Stadt.

Das Adjektiv dient auch als Prädikatsnomen sowie als Adverb:

Даштын соок, а бажың иштинге чылыг.	Draußen ist es kalt, aber im Innern des Hauses ist es warm.
Мен чылыг кеттинген мен.	Ich habe mich warm angezogen.
Эки тывалап билир силер.	Sie können gut Tyva sprechen.

Wird das Adjektiv substantivisch gebraucht, kann es Possessivsuffixe erhalten und dekliniert werden:

Чылыгның салдары-биле дош эрип чыткан.	Unter dem Einfluss der Wärme ist das Eis geschmolzen.

Бис сооктан дидиреп турган бис.	Wir haben vor Kälte gezittert.
Кыш дүжүп, соок күштелип кел чыткан.	Der Winter ist hereingebrochen, und die Kälte ist stärker geworden.

2. Der Komparativ

Durch **артык** *überschüssig*, *mehr* wird ein Adjektiv in seiner Bedeutung gesteigert:

Мен күштүк мен.	Ich bin stark.
Акым артык күштүк.	Mein Bruder ist stärker.

Das vergleichende *als* wird durch den Ablativ des verglichenen Nomens ausgedrückt. Das Wort **артык** ist dann entbehrlich, kann aber als Verstärkung hinzugesetzt werden:

Акым менден (артык) күштүг.	Mein älterer Bruder ist stärker als ich.
Ол менден беш хар улуг.	Er ist fünf Jahre älter als ich.
Орус дыл; тыва дылдан берге.	Die russische Sprache ist schwieriger als die tyvanische (Sprache).

3. Der Superlativ

Zur Bildung des Superlativs stellt man vor das Adjektiv das Wort **эӊ** *höchst, am meisten*:

Эӊ чоок почта кайдал, чугаалаӊарам?	Bitte sagen Sie, wo ist die nächstgelegene Post?
Бо мээӊ эӊ улуг акым.	Dies ist mein größter Bruder.
Силерде кайы ай эӊ-не соогул?	Welcher Monat ist bei euch der kälteste?
Бо номнарныӊ кайызын алыр сен? Эӊ экизин.	Welches dieser Bücher nimmst du? Das beste.

4. Intensivformen

Ein Adjektiv kann in seiner Bedeutung durch Ausdrücke wie **кончуг**, **аажок** *sehr*, **дыка** *wie sehr*, **хөлчок**, **тергиин** *äußerst*, *übermäßig*, **мырыңай** *völlig*, **эмин эрттир** *übermäßig*, durch Verdoppelung, eine Genitiv-Possessiv-Konstruktion oder einen Komparativ verstärkt werden:

кончуг эки	sehr gut	мырыңай шын	völlig richtig
аажок улуг	sehr groß	улуг-улуг	sehr groß
дыка өөрүнчүг	sehr erfreulich	экиниң экизи	das Beste
хөлчок соок	äußerst kalt	экиден эки	besser als gut

Сен эмин эрттир дүрген чугаалап тур сен.	Du sprichst zu schnell.

Daneben lassen sich von einigen Adjektiven mit Hilfe lautmalerischer Vorsilben Intensivformen bilden:

ак	weiß	ап-ак	ganz weiß
кара	schwarz	кап-кара	tiefschwarz
кызыл	rot	кып-кызыл	knallrot
сарыг	gelb	сап-сарыг	ganz gelb
узун	lang	уп-узун	sehr lang
изиг	heiß	ип-изиг	glühend heiß
соок	kalt	соп-соок	bitterkalt

Umgekehrt werden vor allem Farbbezeichnungen durch das Suffix **-зимеер** in ihrer Bedeutung abgeschwächt:

ак	weiß	аксымаар	weißlich
кара	schwarz	каразымаар	schwärzlich
кызыл	rot	кызылзымаар	rötlich
сарыг	gelb	сарыгзымаар	gelblich
көк	grün, blau	көксүмээр	bläulich

III. Das Adverb

Als Lokaladverbien verwendet das Tyva die Begriffe **мында** *hier*, **мынаар**, **бээр** *hierher*, **моон** *von hier*, **дөөнде** *da*, **дүгээ** *da hin*, **ында** *dort*, **ынаар** *dorthin*, **оон** *von dort*, **маңаа** *hier*, *hierher*, **аңаа** *dort*, *dorthin*, **кайда-даа**, **каяа-даа** *überall*, (+ Neg.) *nirgends*:

Бис мында шагда-ла чурттап турар бис.	Wir wohnen hier schon lange.
Силер маңаа манап болур силер.	Sie können hier warten.
Бээр келиңер.	Kommt hierher.
Моон „Азия төвүнге“ чедир ийи чартык километр.	Von hier sind es zweieinhalb Kilometer bis zum „Zentrum Asiens“.
Бис ынаар чадаг азы автобус-биле чоруур бис бе?	Werden wir dorthin zu Fuß gehen oder mit dem Bus fahren?

Die wichtigsten Entsprechungen deutscher Temporaladverbien sind **бурунгу хүн** *vorgestern*, **дүүн gestern**, **бөгүн** *heute*, **даарта** *morgen*, **соңгузу хүн** *übermorgen*, **ам** *jetzt*, *gerade*, **ам дораан** *jetzt*, *gleich*, **ам-даа** *immer noch*, **дораан** *sofort*, **удавас** *bald*, **хенертен** *plötzlich*, **удаа-дараа** *oft*, **чамдыкта** *manchmal*, **кезээде**, **үргүлчү**, **кажан-даа** immer, **(кажан-) бир шагда** *irgendwann*, **кажан-даа** (+ Neg.) *niemals*:

Удавас кышкы дыштанылга.	Bald sind Winterferien.
Чай төнүп тур, удавас күс эгелээр.	Der Sommer geht zu Ende, und bald beginnt der Herbst.
Мен дүүн келдим.	Ich bin gestern gekommen
Мананар, эмчи ам дораан чедип келир.	Warten Sie, der Arzt kommt gleich.
Ол эштеринге дузалаарынга кезээде белен.	Er ist immer bereit, seinen Freunden zu helfen.
Бис дүштеки чем соонда үргүлчү агаарлап турар бис.	Wir gehen nach dem Mittagessen immer spazieren.

Ам бис агаарлап чоруптар бис.	Wir werden jetzt spazieren gehen.
Бис чамдыкта ужуражып турар бис.	Manchmal treffen wir uns.
Мен шуптузун дораан билген мен.	Ich habe sofort alles verstanden.
Хенертен чаъс чаай берген.	Plötzlich hat es zu regnen angefangen.
Мен кажан-даа мындыг суггур чаъс көрбээн мен.	Einen derartigen Regenschauer habe ich noch nie gesehen.
Чаъс ам-даа чаап тур.	Es regnet immer noch.

Als Modaladverbien dienen **күзелдии-биле** *mit Vergnügen*, *gerne*, **харалаан** *leider*, **хей черге** *vergebens* sowie fast alle beschreibenden Adjektive:

Силерни киноже чалап тур бис.	Wir laden euch ins Kino ein.
Четтирдим, күзелдии-биле баар мен.	Danke, ich gehe gerne mit.
Хaskaлаан, мен силерге дузалап шыдавас мен.	Leider kann ich Ihnen nicht helfen.
Мен хей черге оралдашкан мен.	Ich habe mich vergeblich bemüht.

Кандыг келдиңер/четтиңер?	Wie sind Sie angekommen?
Эки чедип келдивис.	Wir sind gut angekommen.

IV. Pronomina

1. Demonstrativpronomina

Das Tyva besitzt folgende drei Demonstrativpronomina:

бо	dieser	дөө (доо, дуу)	der da	ол	jener (dort)

Stehen sie attributiv vor einem Substantiv, bleiben sie undekliniert:

Бо номну номчаан сен бе?	Hast du dieses Buch gelesen?
Бо бажыңда чурттап турар бис.	Wir wohnen in diesem Haus.

Bilden sie als Substantive das Subjekt eines Satzes, werden sie durch einen Gedankenstrich vom Rest des Satzes abgehoben:

Бо – Өнер.	Das ist Öner.

Die Demonstrativpronomina werden wie folgt dekliniert:

Nominativ	бо	дөө	ол
Genitiv	мооң	дөөң	ооң
Dativ	маңаа/маа	дүгээ	аңаа/аа
Akkusativ	мону	дөөнү	ону
Lokativ	мында	дүгде, дөөнде	ында
Ablativ	моон	дөөн	оон
Direktive	боже	дөөже	олче

Сен мону номчаан сен бе?	Hast du das hier gelesen?

Die Lokative und Ablative dienen zugleich als Lokaladverbien (vgl. S. 28); daneben kann gelegentlich auch **бо** die Bedeutung *hier* erhalten:

Бис мында чурттап турар бис.	Wir wohnen hier.
Номнарывыс бо чыдыр.	Unsere Bücher liegen hier.

2. Personalpronomina

Die tyvanischen Personalpronomina lauten:

мен	ich	сен	du	ол	er, sie
бис	wir	силэр	ihr, Sie	олар	sie

Obwohl die Bezeichnung der 1. und 2. Personen im Präsens durch nachgestellte Personalpronomina erfolgt, werden sie dennoch in der Umgangssprache häufig zusätzlich noch an den Satzanfang gestellt:

Сен өөреникчи сен бе?	Bist du (ein) Schüler?
Чок, мен өөреникчи эвес мен.	Nein, ich bin kein Schüler.

Die Deklination der Personalpronomina lautet:

Nominativ	мен	сен	ол
Genitiv	мээң	сээң	ооң
Dativ	меңээ/мээ	сеңээ/сээ	аңаа/аа
Akkusativ	мени	сени	ону
Lokativ	менде	сенде	ында
Ablativ	менден	сенден	оон
Direktive	менче	сенче	олче

Nominativ	бис	силер	олар
Genitiv	бистиң	силерниң	оларның
Dativ	биске	силерге	оларга
Akkusativ	бисти	силерни	оларны
Lokativ	бисте	силерде	оларда
Ablativ	бистен	силерден	олардан
Direktive	бисче	силерже	оларже

Ein formales Subjekt *es* verwendet das Tyva nicht:

Хар чаап тур.	Es schneit.

3. Possessivpronomina

Die Genitive der Personalpronomina können als Possessivpronomina verstanden werden. Da das Tyva jedoch Possessivsuffixe besitzt, werden die Personalpronomina im Genitiv meist nur zusätzlich vorangestellt:

Бо (мээӊ) өг-бүлем-дир.	Das ist meine Familie.

Um *gehören* zum Ausdruck zu bringen, bilden die Personalpronomina mit Hilfe eines Suffixes **-нии**, das aus einer Verbindung des Genitivs mit dem Zugehörigkeitssuffix **-ги** entstanden ist, substantivierte Possessive (vgl. S. 104):

мээӊии	meiner	сээӊии	deiner	ооӊуу	seiner
бистии	unserer	силернии	eurer/Ihrer	оларныы	ihrer

Das Fragewort *wem gehörig* lautet **кымныы**:

Бо ном кымныы?	Wessen ist dieses Buch = wem gehört dieses Buch?
Бо ном мээӊии.	Dieses Buch ist meines = dieses Buch gehört mir.

4. Das Reflexivpronomen

Als Entsprechung eines deutschen Reflexivpronomens oder verstärkten Personalpronomens verwendet das Tyva das Substantiv **бот** *Körper*, *Statur, das Selbst*, das zur Bezeichnung der jeweiligen Personen die Possessivsuffixe erhält:

бодум	ich selbst	бодубус/боттарывыс	wir selbst
бодуӊ	du selbst	бодуӊар/боттарыӊар	ihr/Sie selbst
боду	er/sie selbst	боттары	sie selbst

Ону мен бодум дыӊнаан мен.	Ich habe es selbst gehört.
Мону бис бодувус кылыр бис.	Wir werden das selbst machen.

Die Deklination ist regelmäßig:

Бодумга ном садып алдым.	Ich habe mir ein Buch gekauft.
Мен бодумну эки кылдыр бодап тур мен.	Ich fühle mich wohl.
Чагааны бодумдан бижидим.	Ich habe den Brief von mir aus geschrieben.

Mit einem anschließenden Substantiv zu einer Genitiv-Possessiv-Konstruktion verbunden entsteht ein verstärkter Possessiv, der im Deutschen auch mit *eigen* wiedergegeben werden kann:

Мен силерни бодумнуң өгбүлем-биле таныштырайн.	Ich möchte Sie mit meiner (eigenen) Familie bekannt machen.
Мен ону бодумнуң карактарымбиле көрдүм.	Ich habe es mit meinen (eigenen) Augen gesehen.
Бодуңнуң кадыың бодуңнуң холуңда.	Deine (eigene) Gesundheit ist in deiner (eigenen) Hand.
Оглувус бодунуң ажылын доозупкан.	Unser Sohn hat seine (eigene) Arbeit beendet.

Durch Doppelsetzung kann eine weitere Verstärkung erfolgen:

Бодуңну бодуң каракта.	Auf dein Selbst schaue selbst = achte gut auf dich.

5. Das reziproke Pronomen

Durch die Verbindung **бот-бот** entsteht ein reziprokes Pronomen, wobei das zweite **бот** das Pluralsuffix, die Possessivsuffixe sowie die jeweils erforderlichen Kasussuffixe erhält:

Бис бот-боттарывыска дузалажып турар бис.	Wir helfen einander.
Бис бот-боттарывысты чугаалашпайн-даа билчир бис.	Wir verstehen uns auch ohne zu sprechen.
Бис бот-боттарывыс-биле үш чыл мурнунда танышкан бис.	Wir haben uns vor drei Jahren kennen gelernt.

6. Indefinitpronomina

Anstelle des deutschen Indefinitpronomens *man* verwendet das Tyva das Aktiv in der 3. Person Singular oder Plural:

Чугаалап берип көрүңер, моон театрга канчаар чедер ирги?	Bitte sagen Sie (mir), wie gelangt man wohl von hier zum Theater?
Силерни ам чаа айтырып турдулар.	Gerade eben hat man nach Ihnen gefragt.

Als bejahte Indefinitpronomina *jemand* und *etwas* dienen **бир кижи** *jemand*, **кым-бир кижи** *irgendjemand*, **улус** *Volk*, *Leute*; **бир(-ле) чүве** *eine Sache*, *etwas*, **кандыг-бир чүве** *irgendetwas*:

Эжикти бир кижи соктап тур.	Es klopft jemand an der Tür.
Кым-бир кижи келзе, мени удавас келир дээр сен.	Wenn irgendjemand kommt, sagst du, dass ich bald komme.
Мени улус айтырды бе?	Hat jemand nach mir gefragt?

Меңээ бир чүведен чугаала.	Erzähle mir (von) etwas.
Тыва дугайында тураскаал кылдыр кандыг-бир чүве садып алыксадым.	Ich wollte (gerne) irgendetwas als Erinnerung an Tyva kaufen.

Die verneinten Entsprechungen *niemand* und *nichts* lauten **кым-даа** und **чүү-даа**, jeweils mit verneintem Prädikat:

Институтта ам кым-даа чок	Im Institut ist jetzt niemand.
Мен кымны-даа көрбедим.	Ich habe niemanden gesehen.

Чүү-даа болбаан.	Es ist nichts geschehen.
Мен чүнү-даа көрбээн, дыңнаваан мен.	Ich habe nichts gesehen oder gehört.

7. Interrogativpronomina

Die wichtigsten Interrogativpronomina sind **кым** *wer*, **чү(ү)** *was* und **кайы(зы)** *welch(er)*. **Кым** wird regelmäßig dekliniert:

кымның	wessen	кымдан	von wem
кымга	wem, zu wem	кымче	zu wem hin
кымны	wen	кымныы	wem gehörend
кымда	bei wem	кымнар	wer alles

Auf **чү** basieren:

чүнүң	welcher Sache	чүден	weshalb, warum
чүге	wozu	чүже	zu was hin
чүнү	was	чеже	wie viele
чүде	worin	чүлер	was alles

Bei den Begriffen, die auf der Basis des Pronominalstamms **кай-** entstanden sind, liegt die Betonung jeweils auf der ersten Silbe:

каш	wie viele	кайыын	woher
кайда	wo	кажан	wann
каяа	wo, wohin	кандыг	was für ein
кайнаар	wohin	канчаар	wie, auf welche Art
кайы хире	wie sehr	каш дугаар	der wievielte

Da die Wortfolge im Tyva bei Fragesätzen und Aussagesätzen die gleiche ist, steht das Fragepronomen nicht wie im Deutschen grundsätzlich am Satzanfang; es erhält jedoch die **Betonung** innerhalb eines Satzes. Trotz Fragepronomens erhält das Prädikat in der 3. Person meist zusätzlich noch eine Partikel **-(и)л**, die vermutlich aus **ол** *er* entstanden ist:

Адың кымыл?	Wie heißt du?
Адым Өнер.	Ich heiße Öner.

Бо автобус кайнаар баарыл?	Wohin fährt dieser Bus?
Бо автобус Кызылга баар.	Dieser Bus fährt nach Kyzyl.

Ном садыы кайдал?	Wo ist der Buchladen?
Ном садыы хоорайның төвүнде.	Der Buchladen ist im Zentrum der Stadt.

Стол кырында каш ном чыдыр?	Wie viele Bücher liegen auf dem Tisch?
Стол кырында сес ном чыдыр.	Auf dem Tisch liegen acht Bücher.

8. Die Fragepartikel **бе**

Für Fragen, die mit *ja* oder *nein* beantwortet werden, verwendet das Tyva eine Partikel **бе**, mit deren Hilfe jeder Aussagesatz zu einem Fragesatz wird. Gleichzeitig zieht sie die Betonung auf die ihr unmittelbar vorausgehende Silbe:

Бо стол хостуг бе?	Ist dieser Tisch frei?
Өөреникчи сен бе?	Bist du Schüler?
Кирип болур бе?	Darf man eintreten?
Шай ижиксеп тур силер бе?	Möchten Sie Tee trinken?

Durch mehrfachen Einsatz der Fragepartikel werden Alternativfragen zum Ausdruck gebracht; die Konjunktion **азы** *oder* ist nicht unbedingt erforderlich:

Өөреникчи сен бе, студент сен бе?	Bist du Schüler oder Student?
Силерге шай бе азы кофе бе эккеп берейн?	Soll ich Ihnen Tee oder Kaffee bringen?
Силер белен силер бе азы чок бе?	Seid ihr bereit oder nicht?
Ийе дээр сен бе азы чок дээр сен бе?	Sagst du ja, oder sagst du nein?

V. Die Zahlen

1. Die Kardinalzahlen

Die tyvanischen Zahlwörter lauten:

1	бир	10	он	100	чүс	1.000	(бир) муң
2	ийи	20	чээрби	200	ийи чүс	2.000	ийи муң
3	үш	30	үжен	300	үш чүс	3.000	үш муң
4	дөрт	40	дөртен	400	дөрт чүс	4.000	дөрт муң
5	беш	50	бежен	500	беш чүс	5.000	беш муң
6	алды	60	алдан	600	алды чүс	6.000	алды муң
7	чеди	70	чеден	700	чеди чүс	7.000	чеди муң
8	сес	80	сезен	800	сес чүс	8.000	сес муң
9	тос	90	тозан	900	тос чүс	9.000	тос муң

Zusammengesetzte Zahlen werden durch das Hintereinanderstellen von Tausender-, Hunderter-, Zehner- und Einerzahlen gebildet:

22	чээрби ийи
222	ийи чүс чээрби ийи
2.222	ийи муң ийи чүс чээрби ийи
22.222	чээрби ийи муң ийи чүс чээрби ийи

Die Zahlen werden einerseits attributiv vor ein Substantiv gestellt. Da **бир** auch als unbestimmter Artikel dient, wird *eins*, wenn es als Zahlwort hervorgehoben werden soll, durch **чаңгыс** *einzig* ersetzt:

Бир уруум бар.	Ich habe ein Kind.
Чаңгыс уруум бар.	Ich habe ein (einziges) Kind.
Үш уруум бар.	Ich habe drei Kinder.

Andererseits können sie selbst als Substantive auftreten. Als substantivierte Form von **бир** dient meist **бирээ**:

Мээң үш өңнүүм бар. Бирээзи бирги класста, ийизи үшкү класста өөренип турлар.	Ich habe drei Freunde. Einer (von ihnen) lernt in der ersten Klasse, zwei (von ihnen) in der dritten Klasse.

2. Kollektivzahlen

Zusätzlich besitzt das Tyva die Suffixe **ø-элээ(н)** und **ø-элдирзи** für die Zahlen von *zwei* bis *zehn*, um eine Anzahl von Personen zu bezeichnen. Durch die erste Form wird ein Teil, durch die zweite die gesamte Anzahl angegeben, dabei verlieren **ийи**, **алды** und **чеди** jeweils ihren Endvokal:

(чааскаан)	(alleine)	алдалаа(н), алдалдырзы	zu sechst, alle sechs
иелээ(н), иелдирзи	zu zweit, alle beide	чеделээ(н), чеделдирзи	zu siebt, alle sieben
үжелээ(н), үжелдирзи	zu dritt, alle drei	сезелээ(н), сезелдирзи	zu acht, alle acht
дөртелээ(н), дөртелдирзи	zu viert, alle vier	тозалаа(н), тозалдырзы	zu neunt, all neun
бежелээ(н), бежелдирзи	zu fünft, alle fünf	оналаа(н), оналдырзы	zu zehnt, alle zehn

Дөртелээ(н) келдивис.	Wir sind zu viert gekommen.
Дөртелдирзи келдивис.	Wir sind alle vier gekommen.

Da es sich bei der letzten Silbe des Suffixes **ø-элдирзи** vermutlich um das Possessivsuffix der 3. Person handelt, erhalten die Kollektivformen bei der Deklination jeweils das sogenannte pronominale **н** (vgl. S. 22):

Мен иелдирзин билир мен.	Ich kenne alle Beide.
Иелдирзинге белек садып алдым.	Ich habe allen Beiden Geschenke gekauft.
Иелдирзинден чагаа алдым.	Ich habe von allen Beiden einen Brief/Briefe bekommen.

3. Approximativzahlen

Um eine ungefähre Menge zu bezeichnen, lässt man auf die Mengenangabe jeweils **хире** *annäherungsweise*, *ungefähr* folgen:

Бир чыл хире ажылдаан мен.	Ich habe ungefähr ein Jahr gearbeitet.
Оон бээр бир ай хире эрткен.	Seitdem ist etwa ein Monat vergangen.
Мен чүс хире рубль төледим.	Ich habe ungefähr 100 Rubel bezahlt.
Бир шак хире манап турдувус.	Wir haben ungefähr eine Stunde gewartet.

4. Multiplikativzahlen

Multiplikativangaben entstehen durch Ergänzung um **катап** *mal*:

Кижи ийи катап төрүттүнер эвес.	Der Mensch wird nicht zweimal geboren.
Неделяда үш катап ужуражып турар бис.	Wir treffen uns dreimal in der Woche.
Кыш дургузунда мен чаңгыс-даа катап соокка алыспадым.	Ich habe mich den Winter hindurch nicht ein (einziges) Mal erkältet.

5. Alter

Die Frage nach dem Alter kann auf zweierlei Arten erfolgen:

Харың кажыл?	Wie viel ist dein Alter?
Харым он сес.	Mein Alter ist achtzehn.

Каш харлыг сен?	Wie viel jährig bist du?
Он сес харлыг мен.	Ich bin achtzehnjährig.

6. Die Uhrzeit

Die Uhrzeit wird wie folgt wiedergegeben:

Каш шак-тыр/каш шагыл?		Wie viel Uhr ist es?
2:00	Ам ийи шак-тыр.	Es ist jetzt zwei Uhr.
2:10	Ийи шактан он минута ажып тур.	An zwei Uhr gehen zehn Minuten vorbei.
2:30	Ийи шак чартык-тыр.	Es ist zwei ein halb Uhr.
2:50	Үш шакка он минута четпейн тур/четпес-тир.	Zehn Minuten haben drei Uhr nicht erreicht.
3:00	Ам үш шак-тыр.	Es ist jetzt drei Uhr.

Der Lokativ übernimmt in diesem Zusammenhang die Funktion der deutschen Präposition *um*:

Каш шакта ужуражыр бис?		Um wie viel Uhr treffen wir uns?
2:00	Ийи шакта.	Um zwei Uhr.
2:10	Ийи шактан он минута ажып турда.	Wenn an zwei Uhr zehn Minuten vorbeigehen.
2:30	Ийи шак чартыкта.	Um zwei ein halb Uhr.
2:50	Үш шакка он минута четпейн турда.	Wenn zehn Minuten die drei Uhr nicht erreicht haben.
3:00	Үш шакта.	Um drei Uhr.

Weitere Zeitangaben und Tageszeiten sind:

эртен чеди шак	sieben Uhr morgens
хүндүс ийи шак	zwei Uhr tags
кежээ чеди шак	sieben Uhr abends
дүн ийи шак	zwei Uhr nachts

Wie der Lokativ können auch der Ablativ und der Dativ zeitliche Bedeutung haben:

Бис эртенгиниң тос шактан эгелеп кежээкиниң беш шакка чедир ажылдаан бис.	Wir haben von morgens neun Uhr bis abends fünf Uhr gearbeitet.

7. Ordinalzahlen

Zur Bildung von Ordinalzahlen erhalten die Zahlwörter entweder das Wort **дугаар** *Nummer* nachgestellt oder das Suffix **-ги**:

бир дугаар, бирги	der erste	алды дугаар, алдыгы	der sechste
ийи дугаар, ийиги	der zweite	чеди дугаар, чедиги	der siebte
үш дугаар, үшкү	der dritte	сес дугаар, сески	der achte
дөрт дугаар, дөрткү	der vierte	тос дугаар, тоску	der neunte
беш дугаар, бешки	der fünfte	он дугаар, онгу	der zehnte

Бис ийи дугаар каътта чурттап турар бис.	Wir wohnen im Stockwerk Nr. 2.
Бис ийиги каътта чурттап турар бис.	Wir wohnen im zweiten Stock.

Zur Bezeichnung von *der (aller) erste* und *der letzte* dienen die Begriffe **баштайгы** und **сөөлгү**:

Даштын хар чаапкан; баштайгы хар-дыр.	Draußen hat es geschneit; es ist der erste Schnee.
Сөөлгү шии каш шакта эгелээрил?	Um wie viel Uhr beginnt die letzte Vorstellung?

8. Das Datum

Die Namen sowohl der Wochentage als auch der Monate sind aus dem Russischen übernommen:

понедельник	Montag	пятница	Freitag
вторник	Dienstag	суббота	Samstag
среда	Mittwoch	воскресенье, улуг-хүн	Sonntag
четверг	Donnerstag		

Бөгүн кайы хүнүл?	Welcher Tag ist heute?
Бөгүн улуг-хүн.	Heute ist Sonntag.

январь	Januar	июль	Juli
февраль	Februar	август	August
март	März	сентябрь	September
апрель	April	октябрь	Oktober
май	Mai	ноябрь	November
июнь	Juni	декабрь	Dezember

Für Datumsangaben verwendet das Tyva die einfachen Kardinalzahlen, die mit **хүн** *Tag* eine Genitiv-Possessiv-Konstruktion bilden:

Бөгүн каштың хүнүл?	Der wievielte ist heute?
Бөгүн бештиң хүнү.	Heute ist der fünfte.

Die Monatsnamen erhalten die Bezeichnung **ай** *Monat* nachgestellt, die entfällt, wenn zusätzlich der Tag des Monats genannt wird:

Акым май айдан агуст айга чедир Москвага чурттап турган.	Mein älterer Bruder hat von Mai bis August in Moskau gelebt.
Бөгүн май беш.	Heute ist der 5. Mai.

Jahresangaben erhalten als Ergänzung **чыл** *Jahr*:

Акым 2012 чылдан 2014 чылга чедир Москвага чурттап турган.	Mein älterer Bruder hat von 2012 bis 2014 in Moskau gelebt.

Kommt zur Jahresangabe ein Monatsname hinzu, erhält **чыл** das Genitivsuffix, ohne dass jedoch ein Possessivsuffix der 3. Person folgt:

Бис ийи муң он дөрт чылдың май айда таныжып алган бис.	Wir haben uns im Mai 2014 kennengelernt.

Wird zusätzlich der Tag des Monats genannt, erhält der Monatsname ebenfalls das Gentivsuffix, ohne dass ein Possessiv der 3. Person folgt:

Бөгүн 2017 чылдың майның беш.	Heute ist der 5. Mai 2017.

9. Bruchzahlen

Bruchzahlen werden gebildet, indem man Nenner und Zähler zu einer Genitiv-Possessiv-Konstruktion verbindet:

2/5	бештиң ийизи	zwei der fünf; zwei Fünftel
3/4	дөрттүң үжү	drei der vier; drei Viertel
5 2/3	беш бүдүн, үштүң ийизи	fünf Ganze, zwei Drittel

Мен яблоктуң дөрттүң бирин чип алдым.	Ich habe ein Viertel des Apfels gegessen.

Zur Wiedergabe von Dezimal- und Prozentangaben erhalten **он** *zehn* und **чүс** *hundert* jeweils das Suffix **-жик**:

5/10	беш ончук	fünf Zehntel
3/100	үш чүстүк	drei Hundertstel

0,5	тик бүдүн беш ончук	null Ganze, fünf Zehntel
1,5	бир бүдүн, беш ончук	ein Ganzes, fünf Zehntel
1,25	бир бүдүн чээрби беш чүсчүк	ein Ganzes, 25 Hundertstel

Gelegentlich wird auch **хуу** *Teil*, *Stück* für Prozentangaben verwendet:

Өөреникчилерниң 70 хуузу даштыкы дылдарны өөренип турарлар.	70% der Schüler lernen Fremdsprachen.

Zur Wiedergabe von *Hälfte* und *halb* dient **чартык**:

Чайның чартыы эрткен.	Die Hälfte des Sommers ist vergangen.
Мен яблоктуң чартыын чип алдым.	Ich habe die Hälfte des Apfels gegessen.
Чартык килограмм быштактан деңзилеп бериңерем.	Bitte wiegen Sie (mir) ein halbes Kilo von dem Käse ab.
Бүдүн чартык литр сүттен бериңерем.	Bitte geben Sie mir anderthalb Liter (von der) Milch.

Моон „Азия төвүнге“ чедир ийи чартык километр.	Von hier sind es zweieinhalb Kilometer bis zum „Zentrum Asiens“.

10. Distributivzahlen

Zur Wiedergabe sogenannter Distributivzahlen werden die einfachen Kardinalzahlen verdoppelt:

бир-бир	je eins	алды-алды	je sechs
ийи-ийи	je zwei	чеди-чеди	je sieben
үш-ү	je drei	сес-сес	je acht
дөрт-дөрт	je vier	тос-тос	je neun
беш-беш	je fünf	он-он	je zehn

Кайывыс-даа үш-үш балык тудуп алдывыс.	Wir haben jeder drei Fische gefangen.
Өөреникчи бүрүзүнге ийи-ийи кыдырааш бэрдивис.	Wir haben jedem der Schüler zwei Hefte gegeben.
Хүнде үш катап бир-бир таблетканы ижиңер.	Nehmen Sie dreimal am Tag je eine Tablette ein.

VI. Postpositionen

Die sogenannten Verhältniswörter werden im Tyva hinter das Nomen gestellt. Was in anderen Sprachen als Präpositionen bezeichnet wird, sind hier demnach Postpositionen.

1. Postpositionen mit dem Nominativ

биле *mit*, *mittels*:
Diese Postposition wird durch einen Gedankenstrich mit dem vorausgehenden Wort verbunden:

Автобус-биле чоруур мен.	Ich werde mit dem Bus fahren.
Өөреникчилерим-биле чугаалажып тур мен.	Ich unterhalte mich mit meinen Schülern.
Радио-биле сөөлгү медээлер дамчыдып тур.	Im Radio übertragen sie gerade die neuesten Nachrichten.

Die Demonstrativpronomina, die Personalpronomina sowie **кым** *wer* stehen vor **биле** im Genitiv:

Кымның-биле чугаалажып турдуң?	Mit wem hast du dich gerade unterhalten?
Мээң-биле тывалап чугаалажыңар.	Sprechen Sie Tyva mit mir.
Бистиң-биле кежээки чем чиир силер бе?	Werdet ihr mit uns zu Abend essen?

Daneben erfüllt **биле** noch folgende weitere Funktionen:

Силерге төрүттүнген хүнүңер-биле байыр чедирип тур мен.	Ich gratuliere Ihnen zum Geburtstag.
Тыва амыдырал календари-биле ийи муң он чеди чыл — Дагаа чылы.	Nach dem gültigen tyvanischen Kalender ist das Jahr 2017 das Jahr des Hahns.

болгаш *nach Ablauf von*, *in* (vgl. S. 94):

Поезд беш минута болгаш келир.	Der Zug kommt in fünf Minuten.

дег *(genau) wie*:

Бо кижи дилги дег кажар.	Dieser Mensch ist schlau wie ein Fuchs.
Хар мөңгүн дег кылаңайнып чыдыр.	Der Schnee glänzt wie Silber.

кылдыр *wie*, *nach Art von*:

Башкывыс ашак кижи кылдыр көстүр.	Unser Lehrer sieht aus wie ein alter Mensch = unser Lehrer sieht alt aus.
Сен хөглүг кылдыр көстүр сен.	Du siehst aus wie einer, der fröhlich ist = du siehst fröhlich aus.

дээш, **ужун** *wegen*, *für*:

Дузаңар дээш четтирдим.	Ich danke für eure Hilfe.
Бис чаашкын ужун чанып келген бис.	Wir sind wegen des Regens zurückgekommen.

Auch vor **ужун** stehen die Demonstrativ- und Personalpronomina im Genitiv:

Мооң ужун чанып келген бис.	Deswegen sind wir zurückgekommen.

ышкаш *gleich*, *ebenso wie*:

Мен силер ышкаш бешки класска өөренип турар мен.	Ich lerne ebenso wie ihr in der fünften Klasse.
Төрээн чуртувуска силер ышкаш ынак мен.	Ich liebe unser Vaterland ebenso wie ihr.

2. Postpositionen mit dem Genitiv

Als Entsprechung deutscher Präpositionen mit vorwiegend lokaler Bedeutung wie *vor*, *hinter*, *neben* etc. verwendet das Tyva Substantive, die alle Possessiv- und Kasussuffixe erhalten können. Da sie mit einem vorausgehenden Substantiv eine Genitiv-Possessiv-Verbindung eingehen können, kann man sie – zugegebenermaßen behelfsmäßig – als Postpositionen mit dem Genitiv bezeichnen:

кыр	Oberseite; auf	ара	Zwischenraum; zwischen
адак	Unterseite; unter	мурун	Nase, Vorderseite; vor
чан	Seite; neben	соң	Ende; hinter, nach
душ	Gegenüber; gegenüber	иш(ин)	Inneres; innerhalb
арт	Rückseite; hinter	даш(ын)	Äußeres; außerhalb

Номну стол кырынга салдым.	Ich habe das Buch auf den Tisch gelegt.
Ном стол кырында чыдыр.	Das Buch liegt auf dem Tisch.
Номну стол кырындан оскундум.	Ich habe das Buch vom Tisch fallen lassen.
Ном стол адаанда чыдыр.	Das Buch liegt unter dem Tisch.

Бажыңывыстың чанында сад бар.	Neben unserem Haus befindet sich ein Garten.
Бажыңывыстың дужунда сад бар.	Gegenüber unserem Haus befindet sich ein Garten.
Бажыңывыстың артында сад бар.	Hinter unserem Haus befindet sich ein Garten.
Бажыңывыстың мурнунда сад бар.	Vor unserem Haus befindet sich ein Garten.

Бажыңывыс ыяштар аразында турар.	Unser Haus steht zwischen Bäumen.
Бажыңывыс ийи ыяштың аразында турар.	Unser Haus steht zwischen zwei Bäumen.

Gehen zwei Substantive voraus, wird das sie verbindende *und* durch **биле** ausgedrückt, und nur das zweite Substantiv erhält das Genitivsuffix:

Школа биле бажыңывыстың аразында сад бар.	Zwischen der Schule und unserem Haus befindet sich ein Garten.
Мен майның он биле он бештиң аразында ээп келир мен.	Ich komme zwischen dem 10. und dem 15. Mai zurück.

Die Form **мурнунда** steht auch für zeitlich *vor*:

Кежээки чем мурнунда агаарлаар бис.	Wir werden vor dem Abendessen spazieren gehen.

Zur Wiedergabe von räumlich wie auch zeitlich *hinter* und *nach* dient das Substantiv **соң** *Ende*, dessen Endkonsonant bei Anfügen von Possessivsuffixen entfällt:

Кежээки чем соонда агаарлаар бис.	Wir werden nach dem Abendessen spazieren gehen.

Weitere Substantive sind:

дугай *Betreff*; *betreffend*, *über*:

Силерде Тыва дугайында номнар бар бе?	Gibt es bei Ihnen Bücher über Tyva?
Бистиң дугайывыста сагышсыраva.	Mache dir um uns keine Sorgen.
Бодуңар дугайында чугаалап көрүңерем.	Bitte erzählt von euch (selbst).

дургу *Verlauf*; *im Verlauf*, *während*:

Ивижилер чыл дургузунда каш катап көжүп, ол малды кадарып чоруурлар.	Die Rentierzüchter siedeln im Verlauf des Jahres mehrmals um und hüten/weiden das Vieh.

сан *Zahl*; *jeder*:

Бис чай санында көдээже чоруур бис.	Wir fahren jeden Sommer aufs Land.

уржук, **ужур** *Folge*, *Ursache*; *infolge*, *aufgrund*:

Сээң уржуунда озалдадывыс.	Deinetwegen haben wir uns verspätet.
Самолёттар күштүг туман бар ужурунда озалдап турганнар.	Die Flugzeuge haben sich infolge starken Nebels verspätet.

3. Postpositionen mit dem Dativ

удур *gegen*:

Силерге грипике удур эм бар бе?	Gibt es bei Ihnen ein Medikament gegen Grippe?
Агымга удур эштири берге-дир.	Es ist schwierig, gegen die Strömung zu schwimmen.

чедир (räumlich und zeitlich) *bis*:

Моон „Азия төвүнге“ чедир ырак эвес.	Von hier ist es nicht weit bis zum „Zentrum Asiens“.
Бис чеди шакка чедир ажылдаан бис.	Wir haben bis sieben Uhr gearbeitet.

4. Postpositionen mit dem Akkusativ

дамчыштыр *mittels*, *per*:

Мен чагааны өңнүүмнү дамчыштыр чорудар мен.	Ich werde den Brief durch meinen Freund übermitteln lassen.

долгандыр *ringsum*, *um ... herum*:

Бажыңны долгандыр ыяштар олурткан бис.	Wir haben um das Haus herum Bäume gepflanzt.
Чер Хүннү долгандыр дескинип турар.	Die Erde dreht sich um die Sonne.

дургаар *längs*, *entlang*:

Эрикти дургаар чоруулуңар.	Lasst uns am Ufer entlanggehen.

ёзугаар *entsprechend*, *gemäß*:

Теплоход расписание ёзугаар чорупкан.	Das Schiff ist fahrplanmäßig abgefahren.
Рецепт ёзугаар эм алдым.	Ich habe ein Medikament auf Rezept bekommen.
Кызывыс сөөлгү мода ёзугаар кеттинген.	Unsere Tochter ist nach der neuesten Mode gekleidet.

кежир *über*, *hinüber*:

Хемни кежир көвүрүг тургускан.	Sie haben eine Brücke über den Fluss errichtet.
Бичии уругларны кудумчуну кежир үдеп каалыңар.	Lasst uns die kleinen Kinder über die Straße begleiten.

көөрге *mit Blick auf*, *zufolge*:

Шакты көөрге алды шакка беш минута четпес болган.	Der Uhr nach war es fünf Minuten vor sechs.

өттүр (räumlich und zeitlich) *durch ... hindurch*:

Ыяштар будуктарын өттүр хүн дээп тур.	Die Sonne fällt (wörtl.: berührt) durch die Zweige der Bäume.
Музей чылды өттүр ажык.	Das Museum ist das (ganze) Jahr über geöffnet.

5. Postpositionen mit dem Ablativ

ажыг, **артык** *mehr (als)*:

Акым менден артык күштүг.	Mein älterer Bruder ist kräftiger als ich.

бээр *seit*:

Бис шагдан бээр көрүшпээн бис.	Wir haben uns seit langem nicht gesehen.

өске, **аңгыда** *ein anderer als*, *außer*:

Орус тылдан өске кандыг дылдарны билир сен?	Welche Sprachen außer der russischen kannst du?

бурунгаар *früher*, *davor*:

Байырлалдан үш хүн бурунгаар чедип келир/кээр бис.	Wir werden drei Tage vor dem Fest ankommen.

соңгаар *später*, *danach*:

Байырлалдан үш хүн соңгаар чоруй баар бис.	Wir werden drei Tage nach dem Fest abreisen.

Zeitangaben bleiben im Zusammenhang mit **бурунгаар** und **соңгаар** auch ohne Nennung des Ausgangspunktes in ihrer Grundform:

Бис үш хүн бурунгаар чедип келген бис.	Wir sind vor drei Tagen ankommen.
Бис үш хүн соңгаар чоруй баар бис.	Wir werden in drei Tagen abreisen.

эгелеп *beginnend*, *von ... an*:

Каш дугаар класстан эгелеп даштыкы дыл өөренип турарыл?	Ab der wievielten Klasse lernt man eine Fremdsprache/Fremdsprachen?

VII. Das Hilfsverb *sein*

1. Das Präsens

Das Tyva verwendet keine eigenen Formen zur Wiedergabe eines Hilfsverb *sein*. Im Präsens dienen nachgestellte Personalpronomina zur Bezeichnung der Person; die Negation *nicht* wir durch **эвес** wiedergegeben:

Сен өөреникчи сен бе?	Bist du (ein) Schüler?
Ийе, мен өөреникчи мен.	Ja, ich bin Schüler.

Prädikatsnomen	Negation	Personal-pronomina	Fragepartikel
өөреникчи	эвес	мен	бе
		сен	

		бис	
		силер	

(мен) өөреникчи мен	ich bin Schüler
(сен) өөреникчи сен	du bist Schüler
ол өөреникчи	er ist Schüler
(бис) өөреникчи бис	wir sind Schüler
(силер) өөреникчи силер	ihr seid Schüler/Sie sind Schüler
олар өөреникчи(лер)	sie sind Schüler

(мен) өөреникчи эвес мен	ich bin kein Schüler
(сен) өөреникчи эвес сен	du bist kein Schüler
ол өөреникчи эвес	er ist kein Schüler
(бис) өөреникчи эвес бис	wir sind keine Schüler
(силер) өөреникчи эвес силер	ihr seid keine Schüler/ Sie sind keine/kein Schüler
олар өөреникчи(лер) эвес	sie sind keine Schüler

(сен) өөреникчи сен бе?	bist du Schüler?
ол өөреникчи бе?	ist er Schüler?
(силер) өөреникчи силер бе?	seid ihr Schüler/ sind Sie Schüler?
олар өөреникчи(лер) бе?	sind sie Schüler?

(сен) өөреникчи эвес сен бе?	bist du kein Schüler?
ол өөреникчи эвес бе?	ist er kein Schüler?
(силер) өөреникчи эвес силер бе?	seid ihr keine Schüler/ sind Sie keine/kein Schüler?
олар өөреникчи(лер) эвес бе?	sind sie keine Schüler?

Die Endung **-дир** ist ein Relikt des Verbs **тур-** *stehen* und dient der Bekräftigung einer Aussage:

Бо кым-дыр?	Wer ist das?
Бо – Өнер-дир.	Das ist Öner.

Сен кым сен?	Wer bist du?
Мен-дир мен.	Ich bin es.

Кадыың кандыг-дыр?	Wie ist deine Gesundheit/ wie geht es dir?
Кадыым эки-дир, четтирдим.	Meine Gesundheit ist gut/ es geht mir gut, danke.

Das Präsens von **бар** *vorhanden* und **чок** *nicht vorhanden* lautet:

Шкафта номнар бар.	Im Schrank sind Bücher vorhanden = im Schrank gibt es/sind Bücher.
Шкафта ном чок.	Im Schrank sind keine Bücher vorhanden = im Schrank sind keine Bücher.

2. Das Verb **бол-**

Für alle weiteren Formen eines Hilfsverbs *sein*, seien es finite Verbformen, Verbalnomina oder Konverbien, verwendet das Tyva das Verb **бол-** *werden, geschehen*, das auch die Bedeutung *sein, in Ordnung sein* und *gestattet sein* erhalten kann:

Даарта магазин ажык болур.	Morgen ist das Kaufhaus geöffnet.
Өңнүктер болуулу.	Lass uns Freunde werden/sein.
Силерниң-биле танышканым меңээ өөрунчүг болду.	Es war erfreulich für mich, Ihre Bekanntschaft gemacht zu haben.
Дүүн бөгүнден чылыг болган.	Gestern war es wärmer als heute.

Бажыңның артында сад бар болган.	Hinter dem Haus befand sich ein Garten.
Өрээлде чүү-даа чок болган.	Es war nichts im Zimmer.
Чайым бар болза, келир мен.	Wenn ich Zeit habe, komme ich.
Чайым чок болза, келбес мен.	Wenn ich keine Zeit habe, werde ich nicht kommen.

Losgelöst von ihrer ursprünglichen konditionalen Bedeutung dient **болза** auch als adversative Satzverbindung im Sinne von *was ... betrifft, hingegen*:

Мээң кызым сес, сээңии болза тос харлыг-дыр.	Meine Tochter ist acht, die deinige hingegen ist neun Jahre alt.

Gelegentlich treten auch die Verben **тур-** *stehen*, **олур-** *sitzen* und **чор(у)-** *gehen, fahren* (vgl. S. 56) zur Wiedergabe des Hilfsverbs *sein* auf:

Чайын үргүлчү чайлагга турар бис.	Im Sommer sind wir immer auf der Sommerweide.
Бөгүн кежээ бажыңымга олурар мен.	Ich werde heute Abend (bei mir) zu Hause sein.
Ачам школа директору турган.	Mein Vater war Schuldirektor.
Дүүн бис театр чораан бис.	Wir sind gestern ins Theater gegangen/wir waren gestern im Theater.

VIII. Finite Formen des Vollverbs

1. Allgemeines

Im Folgenden wird, anders als in den tyvanischen Wörterbüchern üblich, anstelle eines Infinitivs eines Vollverbs lediglich der Verbstamm angegeben:

Verbstamm	е, и	ө, ү	а, ы	о, у
auf Vokal	бижи- *schreiben*	өөрү- *sich freuen*	дыңна- *(zu)hören*	номчу- *lesen*
auf г, й, р, л	бер- *geben*	шөй- *herausziehen*	кыл- *machen, tun*	олур- *sich setzen*
auf м, н, ң	эм- *saugen*	үн- *hinausgehen*	чан- *zurückkehren*	доң- *(ge)frieren*
auf к, п, с, т, ш	иш- *trinken*	төк- *ausgießen*	чыт- *sich legen*	доос- *beenden*

Die Verneinung erfolgt meist durch das Suffix **-ве**, das direkt auf den Verbstamm folgt und die Betonung auf die ihm unmittelbar vorausgehende Silbe zieht. Zur Bildung der einzelnen finiten Formen schließt derjenige Bestandteil an, der einen bestimmten zeitlichen oder modalen Aspekt beinhaltet; er wird im Folgenden als Themasuffix bezeichnet. Die meisten der auf diese Art entstandenen Formen sind Partizipien (vgl. Kap. IX), die an dieser Stelle als Prädikatsnomina dienen und zur Bezeichnung der einzelnen Personen nachgestellte Personalpronomina erhalten (vgl. 31):

... сен	du bist einer, der ...	
берип тур(ар)	... gibt	= du gibst
бээр	... geben wird	= du wirst geben
бербишаан	... noch weiter gibt	= du gibst noch weiter
бергелек	... noch nicht gegeben hat	= du hast noch nicht gegeben
бергей	... ruhig geben mag	= du magst ruhig geben
берген	... gegeben hat	= du hast gegeben
бержик	... doch sicher gegeben hat	= du hast doch sicher gegeben

2. Präsens- und Futurformen

a) Das Präsens auf **-(ип) тур**

Zur Wiedergabe einer Handlung, die sich im Augenblick des Sprechens vollzieht, bildet man das Konverb auf **-(и)п**, neg. **-вейн** des Hauptverbs (vgl. S. 87 und 93) und ergänzt es um **тур**, eine erstarrte Form des Verbs **тур-** *(auf)stehen*, *sein*:

Чүнү кылып тур силер?	Was macht ihr gerade?
Бис ажылдап тур бис.	Wir arbeiten gerade/ wir sind gerade am Arbeiten.
Телевизор ажылдавайн тур.	Der Fernseher funktioniert nicht.

Hauptverb	
Verbstamm	Konverbsuffix
бижи-	bejaht -(и)п
	negiert -вейн

Hilfsverb		
	Personal-pronomina	Frage-partikel
тур	мен	бе
	сен	

	бис	
	силер	
	-лер	

е, и	ө, ү	а, ы	о, у
бижип тур биживейн тур	өөрүп тур өөрүвейн тур	дыңнап тур дыңнавайн тур	номчуп тур номчувайн тур
берип тур бербейн тур	шөйүп тур шөйбейн тур	кылып тур кылбайн тур	олуруп тур олурбайн тур
эмип тур эммейн тур	үнүп тур үнмейн тур	чанып тур чанмайн тур	доңуп тур доңмайн тур
ижип тур ишпейн тур	төгүп тур төкпейн тур	чыдып тур чытпайн тур	доозуп тур дооспайн тур

Neben **тур** werden auch **олур**, **чор** und **чыдыр**, Bildungen der Verben **олур-** *sitzen*, **чор(у)-** *gehen* und **чыт-** *liegen*, als Hilfsverben eingesetzt. Sie geben in erster Linie die Körperhaltung wieder, in der die beschriebene Tätigkeit ausgeführt wird. Daneben kann **олур** beinhalten, dass die Tätigkeit einen längeren Zeitraum in Anspruch nimmt; **чор** kann bedeuten, dass die Handlung regelmäßig erfolgt. Im Zusammenhang mit Verben der Bewegung heben sowohl **олур** wie auch **чыдыр** deren Gleichmäßigkeit hervor:

Өөреникчилерим-биле чугаалажып олур мен.	Ich unterhalte mich mit meinen Schülern.
Поезд доктаавайн чоруп олур.	Der Zug fährt ohne zu halten.
Дагда хойлар оъттап чор.	Auf dem Berg grasen Schafe.
Уруглар удуп чыдыр.	Die Kinder schlafen.
Хар эрип чыдыр.	Der Schnee schmilzt.

Daneben treten alle vier Verbformen auch als selbständige Hauptverben auf:

Кудумчуда тур бис.	Wir stehen auf der Straße.
Мен өрээлде олур мен.	Ich sitze im Zimmer.
Өнер, школаже дүрген чор.	Öner, geh schnell zur Schule.
Ном шкафта чыдыр.	Das Buch liegt im Schrank.

Die beiden Verben **кел-** *kommen* und **бар-** *gehen* sind vor **чор** und **чыдыр** auf ihren Verbstamm verkürzt:

Мен почтаже бар чор мен.	Ich gehe zur Post.
Поезд бо кел чыдыр.	Da kommt der Zug.

b) Das Präsens auf **-(и)п турар**

Stellt man hinter die Konverbformen der Hauptverben anstelle von **тур**, **олур**, **чор** und **чыдыр** jeweils das Präsens-Futur dieser Verben (vgl. S. 58), beschreibt man damit eine in der Gegenwart länger andauernde Situation:

Мен школада ажылдап турар мен.	Ich arbeite an einer Schule.
Бо бажыңда чурттап турар бис.	Wir wohnen in diesem Haus.

Оглувус ном номчуп олурар.	Unser Sohn liest Bücher.
Ачам Тайгада аңнап чоруур.	Mein Vater jagd in der Taiga.
Улуг хем мурнуу чүктен соңгу чүкче агып чыдар.	Der Jenisej fließt von Süden in nördliche Richtung.

c) Das Präsens-Futur auf **-ер/ир**, neg. **-вес**

Durch diese Verbform wird eine Tätigkeit ausgedrückt, die man regelmäßig ausübt, grundsätzlich auszuüben bereit ist oder in der Zukunft ausüben wird.

Кырган-ававыс кежээниң-не биске тоол чугаалаар.	Unsere Großmutter erzählt uns abends (immer) Geschichten.
Кырган-ававыс бөгүн кежээ биске тоол чугаалаар.	Unsere Großmutter wird uns heute Abend eine Geschichte erzählen.
Мен силерни кажан-даа утпас мен.	Ich werde euch nie vergessen.

Verbstamm	Themasuffix	Personal-pronomina	Fragepartikel
бижи-	bejaht -ер/ир	мен	бе
	negiert -вес	сен	

		бис	
		силер	
		-лер	

Bei der Bildung der bejahten Formen des Präsens-Futur sind die Verben je nach Beschaffenheit ihres Verbstamms in sechs Gruppen zu unterteilen:

I. Bei Verbstämmen auf einfachen Vokal wird dieser Vokal verdoppelt, bevor das **р** des Themasuffixes folgt. Bei Verbstämmen auf Doppelvokal erfolgt keine weitere Verdoppelung:

бижи-	schreiben	бижи-ир	er schreibt
доктаа-	stehen bleiben	доктаа-р	er bleibt stehen

II. Bei mehrsilbigen Verbstämmen ohne Vokalverlust auf stimmlose Konsonanten sowie auf **л**, **м**, **н** lautet das Themasuffix
a) nach vorausgehendem engem Vokal (**и**, **ү**, **ы**, **у**) **-ер**,
b) nach vorausgehendem weitem Vokal (**е** oder **а**) **-ир**:

эгит-	zurückgeben	эгид-ер	er gibt zurück
өөрен-	lernen	өөрен-ир	er lernt

III. mehrsilbige Verbstämme ohne Vokalverlust auf **р** erhalten **-ер**:

чидир-	verlieren	чидир-ер	er verliert

IV. mehrsilbige Verbstämme mit Vokalverlust erhalten **-ир**:

кириш-	teilnehmen	кирж-ир	er nimmt teil

V. bei einsilbigen Verbstämmen auf **л** lautet das Themasuffix, von wenigen Ausnahmen abgesehen, **-ир**:

бил-	wissen	бил-ир	er weiß

VI. alle übrigen einsilbigen Verbstämme erhalten als Themasuffix **-ер**:

иш-	trinken	иж-ер	er trinkt

d) Das Präsens auf **-вишаан**

Dieses Präsens beinhaltet, dass die beschriebene Handlung bereits eingesetzt hat, zum gegenwärtigen Zeitpunkt andauert und unter Umständen noch weiter andauern wird. Der Doppelvokal **аа** bleibt unverändert:

Мен ажылдавышаан мен.	Ich bin noch an der Arbeit (und werde noch eine Zeitlang arbeiten).
Уруглар удувушаан(нар).	Die Kinder schlafen noch (und werden noch weiter schlafen).

Verbstamm	Themasuffix	Personal-pronomina	Fragepartikel
бижи-	-вишаан	мен	бе
		сен	

		бис	
		силер	
		-лер	

е, и	ө, ү	а, ы	о, у
бижививишаан	өөрүвүшаан	дыңнавышаан	номчувушаан
бербишаан	шөйбүшаан	кылбышаан	олурбушаан
эммишаан	үнмүшаан	чанмышаан	доңмушаан
ишпишаан	төкпүшаан	чытпышаан	дооспушаан

e) Die Form auf **-гелек**

Durch dieses Partizip wird eine Person bezeichnet, die die beschriebene Handlung zum gegenwärtigen Zeitpunkt noch nicht durchgeführt hat, aber erwartungsgemäß in naher Zukunft durchführen wird:

Хүн үнгелек.	Die Sonne ist noch nicht aufgegangen (sie wird aber bald aufgehen).
Бо каттар бышкалак.	Diese Beeren sind noch nicht reif (sie werden aber bald reif sein).
Мен номну номчаалак мен.	Ich habe das Buch noch nicht gelesen (werde es aber bald lesen).

Verbstamm	Themasuffix	Personal-pronomina	Fragepartikel
бижи-	-гелек	мен	бе
		сен	

		бис	
		силер	
		-лер	

е, и	ө, ү	а, ы	о, у
бижээлек	өөрээлек	дыңнаалак	номчаалак
бергелек	шөйгелек	кылгалак	олургалак
эмгелек	үнгелек	чангалак	доңгалак
ишкелек	төккелек	чыткалак	дооскалак

3. Aufforderungsformen

a) Der Imperativ der 2. Personen

Der Imperativ der 2. Person Singular ist mit dem Verbstamm identisch. Zur Bildung der 2. Person Plural wird das Suffix **-(и)ңер** angefügt:

Кириңер, олуруңар.	Treten Sie ein, setzen Sie sich.
Таныжыңар, бо мээң өг-бүлем.	Machen Sie sich bekannt: Das ist meine Familie.
Дыңзыдыр чугааланар, мен силерниң сөстериңерни билбедим.	Sprechen Sie laut(er), ich habe Ihre Worte nicht verstanden.

Verbstamm	Negation	Imperativ 2. Personen
бижи-	-ве	---
		-(и)ңер

е, и	ө, ү	а, ы	о, у
бижиңер биживеңер	өөрүңер өөрүвеңер	дыңнаңар дыңнаваңар	номчуңар номчуваңар
бериңер бербеңер	шөйүңер шөйбеңер	кылыңар кылбаңар	олуруңар олурбаңар
эмиңер эммеңер	үнүңер үнмеңер	чаныңар чанмаңар	доңуңар доңмаңар
ижиңер ишпеңер	төгүңер төкпеңер	чыдыңар чытпаңар	доозуңар дооспаңар

b) Der Imperativ der 3. Personen

Auch für die 3. Personen kennt das Tyva eine eigene Aufforderungsform; die deutsche Wiedergabe erfolgt durch das Hilfsverb *sollen* oder *mögen*:

Чем чидиртингир болзун.	Das Essen soll essbar sein = guten Appetit.
Чорук чогузун.	Möge die Reise lohnend sein = gute Reise.
Уруглар садта ойназыннар.	Die Kinder sollen im Garten spielen.

Verbstamm	Negation	Imperativ 3. Personen
бижи-	-ве	-зин
		-зиннер

е, и	ө, ү	а, ы	о, у
бижизин бживезин	өөрүзүн өөрүвезин	дыңназын дыңнавазын	номчузун номчувазын
берзин бербезин	шөйзүн шөйбезин	кылзын кылбазын	олурзун олурбазын
эмзин эммезин	үнзүн үнмезин	чанзын чанмазын	доңзун доңмазын
ишсин ишпезин	төксүн төкпезин	чытсын чытпазын	дооссун дооспазын

c) Der Optativ

Der tyvanische Optativ findet in den 1. Personen Anwendung. Er entspricht in etwa dem deutschen Modalverb *mögen*, in der Frageform dem Modalverb *sollen*. Für den Plural besitzt das Tyva zwei Formen: Durch das kürzere Suffix **-ээли/иили** werden der Sprecher und eine weitere Person, durch das längere **-ээлиӊер/иилиӊер** der Sprecher und eine Gruppe von Personen angesprochen:

Паркка бараалыӊар.	Lasst uns in den Park gehen.
Маӊаа биче дыштанып олураалы.	Lass uns hier ein wenig ausruhen.
Силерге шайдан ам база кудуп берейн бе?	Soll ich Ihnen noch von dem Tee eingießen?

Verbstamm	Negation	Optativ 1. Personen	Fragepartikel
бижи-	-ве	-ейн/ийн	бе
		-ээли/иили	
		-ээлиӊер/иилиӊер	

Bei der Bildung der Formen des Optativs folgen auf den Verbstamm die gleichen Vokale wie bei der Bildung des Präsens-Futur (vgl. S. 58):

bejahte Formen:

е, и	ө, ү	а, ы	о, у
бижиийн бижиили бижиилиӊер	өөрүүйн өөрүүлү өөрүүлүӊер	дыӊнаайн дыӊнаалы дыӊнаалыӊар	номчууйн номчуулу номчуулуӊар
берейн берээли берээлиӊер	шөейн шөеэли шөеэлиӊер	кылыйн кылыылы кылыылыӊар	олурайн олураалы олураалыӊар
эмейн эмээли эмээлиӊер	үнейн үнээли үнээлиӊер	чанайн чанаалы чанаалыӊар	доӊайн доӊаалы доӊаалыӊар
ижейн ижээли ижээлиӊер	төгейн төгээли төгээлиӊер	чыдайн чыдаалы чыдаалыӊар	доозайн доозаалы доозаалыӊар

verneinte Formen:

е, и	ө, ү	а, ы	о, у
биживээйн биживээли биживээлиңер	өөрүвээйн өөрүвээли өөрүвээлиңер	дыңнаваайн дыңнаваалы дыңнаваалыңар	номчуваайн номчуваалы номчуваалыңар
бербээйн бербээли бербээлиңер	шөйбээйн шөйбээли шөйбээлиңер	кылбаайн кылбаалы кылбаалыңар	олурбаайн олурбаалы олурбаалыңар
эммээйн эммээли эммээлиңер	үнмээйн үнмээли үнмээли	чанмаайн чанмаалы чанмаалыңар	доңмаайн доңмаалы доңмаалыңар
ишпээйн ишпээли ишпээлиңер	төкпээйн төкпээли төкпээлиңер	чытпаайн чытпаалы чытпаалыңар	дооспаайн дооспаалы дооспаалыңар

d) Der Voluntativ auf **-гей**

Durch diese Verbform drückt der Sprecher seine Zustimmung zu der beabsichtigten Handlung aus. In der gesprochenen Sprache wird er meist um die Partikeln **де**, **аан** oder **-даа** ergänzt:

Уруглар киргейлер аан.	Die Kinder sollen nur hereinkommen.
Чагааны номчаай сен аан.	Magst du den Brief ruhig lesen.
Олар келбес, көргей сен де.	Siehst du wohl: Sie werden nicht kommen.

Verbstamm	Negation	Themasuffix	Personal-pronomina
бижи-	-ве	-гей	мен
			сен

			бис
			силер
			-лер

е, и	ө, ү	а, ы	о, у
бижээй биживээй	өөрээй өөрүвээй	дыңнаай дыңнаваай	номчаай номчуваай
бергей бербээй	шөйгей шөйбээй	кылгай кылбаай	олургай олурбаай
эмгей эммээй	үнгей үнмээй	чангай чанмаай	доңгай доңмаай
ишкей ишпээй	төккей төкпээй	чыткай чытпаай	дооскай дооспаай

4. Perfektformen

a) Das einfache Perfekt auf **-ди**

Durch diese Zeitform wird eine Handlung beschrieben, die vor nicht allzu langer Zeit durchgeführt und zu einem Abschluss gebracht wurde:

Баштай дүштеки чем чидивис, ооң соонда агаарлап чордувус.	Zuerst haben wir zu Mittag gegessen, danach sind wir spazieren gegangen.
Кежээ ном номчудум.	Am Abend habe ich ein Buch/Bücher gelesen.

Verbstamm	Negation	Perfektische Personalendungen	Fragepartikel
бижи-	-ве	-дим	бе
		-диң	
		-ди	
		-дивис	
		-диңер	
		-дилер	

е, и	ө, ү	а, ы	о, у
бижиди биживеди	өөрүдү өөрүведи	дыңнады дыңнавады	номчуду номчувады
берди бербеди	шөйдү шөйбеди	кылды кылбады	олурду олурбады
эмди эммеди	үндү үнмеди	чанды чанмады	доңду доңмады
ишти ишпеди	төктү төкпеди	чытты чытпады	доосту дооспады

бижидим	ich habe geschrieben
бижидиң	du hast geschrieben
бижиди	er hat geschrieben
бижидивис	wir haben geschrieben
бижидиңер	ihr habt/Sie haben geschrieben
бижидилер	sie haben geschrieben

биживедим	ich habe nicht geschrieben
биживедиӊ	du hast nicht geschrieben
биживеди	er hat nicht geschrieben
биживедивис	wir haben nicht geschrieben
биживедиӊер	ihr habt/Sie haben nicht geschrieben
биживедилер	sie haben nicht geschrieben

Setzt man das Vollverb in die Konverbform auf **-(и)п** und ergänzt sie um die Perfektformen der auf S. 56 genannten Hilfsverben **тур-** *stehen,* **олур-** *sitzen*, **чор(у)-** *gehen* und **чыт-** *liegen*, entsteht ein Präteritum, das im Deutschen dennoch häufig durch eine Perfektform wiedergegeben wird:

Кымныӊ-биле чугаалажып турдуӊ?	Mit wem hast du dich (gerade) unterhalten?
Мен ам чаа ачаӊ-биле чугаалажып турдум.	Ich habe gerade eben mit deinem Vater gesprochen/ich sprach gerade mit deinem Vater.

b) Das Perfekt auf **-ген**

Das Partizip Perfekt auf **-ген** (vgl. S. 78) drückt als Prädikatsnomen eine Tätigkeit aus, die in der Vergangenheit stattgefunden hat und noch bis in die Gegenwart nachwirkt bzw. Gültigkeit besitzt:

Каяа төрүттүнген силер?	Wo sind Sie geboren?
Мен Кызылга төрүттүнген мен.	Ich bin in Kyzyl geboren.
Бо номну номчаан силер бе?	Haben Sie dieses Buch gelesen?

Verbstamm	Negation	Themasuffix	Personal-pronomina	Fragepartikel
бижи-	-ве	-ген	мен	бе
			сен	

			бис	
			силер	
			-лер	

е, и	ө, ү	а, ы	о, у
бижээн биживээн	өөрээн өөрүвээн	дыңнаан дыңнаваан	номчаан номчуваан
берген бербээн	шөйген шөйбээн	кылган кылбаан	олурган олурбаан
эмген эммээн	үнген үнмээн	чанган чанмаан	доңган доңмаан
ишкен ишпээн	төккен төкпээн	чыткан чытпаан	дооскан дооспаан

Ergänzt man die Konverbform auf **-(и)п** des Vollverbs um diese Perfektformen der Hilfsverben **тур-** *stehen*, **олур-** *sitzen*, **чор(у)-** *gehen* und **чыт-** *liegen*, wird ein kontinuatives Präteritum zum Ausdruck gebracht:

Бис ынчаарда Кызылга чурттап турган бис.	Wir lebten damals (längere Zeit) in Kyzyl.
Ачам шаанда Тайгага аңнап чораан.	Mein Vater jagte früher in der Taiga.

c) Das rhetorische Perfekt auf **-жик**

Mit dieser Verbform möchte der Sprecher sich vergewissern, dass die beschriebene Handlung tatsächlich erfolgt ist. Häufig wird das Prädikat noch durch die Partikel **чоп** *ja*, *doch* verstärkt:

Бо номну номчужук сен чоп.	Du hast doch sicher dieses Buch gelesen.
Дүүн хоорайга чоржук силер чоп.	Ihr seid doch sicher gestern in die Stadt gefahren/ihr wart doch gestern sicher in der Stadt.
Мен ачаңны көрбежык мен чоп.	Ich habe deinen Vater doch gar nicht gesehen.
Аалчылар кажан аъттанчык-тарыл?	Wann sind die Gäste denn abgereist?

Verbstamm	Negation	Themasuffix	Personal-pronomina	Fragepartikel
бижи-	-ве	-жик	мен	бе
			сен	

			бис	
			силер	
			-лер	

е, и	ө, ү	а, ы	о, у
бижижик биживежик	өөрүжүк өөрүвежик	дыңнажык дыңнаважык	номчужук номчуважык
бержик бербежик	шөйжүк шөйбежик	кылчык кылбажык	олуржук олурбажык
эмчик эммежик	үнчүк үнмежик	чанчык чанмажык	доңчук доңмажык
ишчик ишпежик	төкчүк төкпежик	чытчык чытпажык	доосчук дооспажык

5. Um **-дир** erweiterte Formen

a) Das subjektive Präsens auf **-и/е/й-дир**

Ergänzt man die Konverbform auf **-и/е/й** (vgl. S. 86), verneint **-вейн** (vgl. S. 93) um **-дир**, bringt man damit zum Ausdruck, dass man das geschilderte Geschehen nicht bewusst miterlebt, aber dennoch die Handung auf eine andere Art, häufig akustisch, wahrnimmt:

Арыгда уруглар алгыржы-дыр.	Im Wald schreien Kinder.
Ырактан музыка даажы дыңналы-дыр.	Von Ferne ist das Geräusch von Musik zu hören.
Мен маргышпайн-дыр мен аде.	Ich streite doch gar nicht.

b) Das subjektive Perfekt auf **-(и)п-тир**

Ergänzt man die Konverbform auf **-(и)п** um **-дир**, bringt man damit zum Ausdruck, dass man die beschriebene Handlung nicht selbst beobachtet oder bewusst miterlebt hat. Durch diese Form wird jedoch der Wahrheitsgehalt des Berichteten nicht unbedingt in Zweifel gezogen:

Балык туттуна берип-тир.	Ein Fisch scheint angebissen zu haben.
Удуй берип-тир мен.	Ich muss wohl eingeschlafen sein.
Аза берип-тир мен.	Ich habe mich wohl verirrt.

c) Das Perfekt auf **-ген-дир**

Durch Ergänzung des Perfekt auf **-ген** um **-дир** will der Sprecher bekräftigen, dass das beschriebene Ereignis tatsächlich stattgefunden hat:

Мөнгүн тайгага сарлык көрген-дир мен.	Ich habe (tatsächlich) in der Möngün-Taiga ein Yak gesehen.
Мен номну бажыңымда уткан-дыр мен.	Ich habe das Buch ganz offensichtlich bei mir zu Hause vergessen.
Шагым турупкан-дыр.	Meine Uhr ist ganz offensichtlich stehen geblieben.

6. Mit **бол-** zusammengesetzte Formen

Es ist möglich, alle diejenigen Bildungen von **бол-**, in denen es das Hilfsverb *sein* vertritt (vgl. S. 54), an die Partizipien eines Vollverbs anzuschließen. Durch das Präsens-Futur von **бол-** in seiner verkürzten Form **боор** *es wird wohl so sein, dass ...* wird eine Vermutung zum Ausdruck gebracht; auf diese Art entsteht unter anderem ein Futur II:

Сээң шагың озалдап турар боор.	Deine Uhr ist wohl eine, die sich verspätet = deine Uhr geht wohl nach.
Мен хуралга келбес боор мен.	Ich werde wohl einer sein, der nicht zur Versammlung kommen wird = ich werde wohl nicht zur Versammlung kommen.
Ам сес-даа чыл эрткен боор.	Es ist wohl so, dass schon acht Jahre vergangen sind = es dürften nun schon acht Jahre vergangen sein.

Im Perfekt auf **-ди** hat **бол-** die Bedeutung *werden*:

Мен хымыс ижер болдум.	Ich bin einer geworden, der regelmäßig Kumys trinkt = ich habe mir angewöhnt, Kumys zu trinken.
Мен Азия төвүн көрген болдум.	Ich bin einer geworden, der das „Zentrum Asiens“ gesehen hat = ich habe (jetzt definitiv) das „Zentrum Asiens“ gesehen.

Demgegenüber entspricht **болган** dem Perfekt des Hilfsverbs *sein* und dient in dieser Funktion dazu, die entsprechenden Zeiten eines Vollverbs in die Vergangenheit zu übertragen:

Ачам Тайгага аңнап чоруур болган.	Mein Vater war einer, der regelmäßig in der Taiga jagt = mein Vater jagte (früher) regelmäßig in der Taiga.

Durch ein zweifaches Perfekt entsteht ein Plusquamperfekt:

Бис Кызылга чеде берген болган бис.	Wir waren welche, die Kyzyl erreicht haben = wir hatten Kyzyl erreicht.

Neben **болган** kann auch die insgesamt statischere Form **турган** zur Bildung zusammengesetzter Tempora auftreten:

Мен башкывысты мурнунда таныыр турган мен.	Ich kannte unseren Lehrer schon früher.
Ынчаарда суурдан хоорайже көшкелек турган бис.	Wir waren damals noch nicht aus dem Dorf in die Stadt gezogen.
Сен безин төрүттүнмээн турган сен.	Du warst nicht einmal geboren.

7. Konditionale Verbformen

Zur Bildung von konditionalen Verbformen besitzt das Tyva eigene Suffixe. Die mit ihrer Hilfe entstandenen konditionalen Verbformen dienen der Wiedergabe sowohl von realen als auch irrealen Konditionalsätzen; die Form des Prädikats gibt darüber Auskunft, um welche Art von Konditionalsatz es sich handelt. Im Falle eines realen Konditionals steht das Prädikat des Satzes im Präsens-Futur, im Imperativ oder Optativ:

Чаъс чаап келзе, бис бажыңче ээп келир бис.	Wenn es zu regnen anfängt, kehren wir nach Hause zurück.
Келзиңзе, амыраар мен.	Wenn du kommst, freue ich mich.

Im Falle eines irrealen Konditionals bildet das Präsens-Futur, erweitert um die Partikel **ийик**, das Prädikat des Satzes:

Келзиңзе, амыраар ийик мен.	Wenn du kämest, würde ich mich freuen.

Verbstamm	Negation	Konditionale Personalendungen
бижи-	-ве	-зимзе
		-зиңзе
		-зе
		-зивиссе
		-зиңерзе
		-зе

е, и	ө, ү	а, ы	о, у
бижизе биживезе	өөрүзе өөрүвезе	дыңназа дыңнаваза	номчуза номчуваза
берзе бербезе	шөйзе шөйбезе	кылза кылбаза	олурза олурбаза
эмзе эммезе	үнзе үнмезе	чанза чанмаза	доңза доңмаза
ишсе ишпезе	төксе төкпезе	чытса чытпаза	доосса дооспаза

бижизимзе	wenn ich schreibe/schriebe
бижизыңзе	wenn du schreibst/schriebest
бижизе	wenn er schreibt/schriebe
бижизивиссе	wenn wir schreiben/schrieben
бижииңерзе	wenn ihr schreibt/schriebet/ wenn Sie schreiben/schrieben
бижизе	wenn sie schreiben/schrieben

биживезимзе	wenn ich nicht schreibe/schriebe
биживезиңзе	wenn du nicht schreibst/schriebest
биживезе	wenn er nicht schreibt/schriebe
биживезивиссе	wenn wir nicht schreiben/schrieben
биживезиңерзе	wenn ihr nicht schreibt/schriebet/ wenn Sie nicht schreiben/schrieben
биживезе	wenn sie nicht schreiben/schrieben

Folgt auf die konditionale Verbform die Partikel **-даа** *auch*, entsteht ein Konzessivsatz:

Чаъс чаап турза-даа, бис агаарлап чорупкан бис.	Wir sind spazieren gegangen, obwohl es geregnet hat.

Fehlt der Hauptsatz, bleibt die konditionale Verbform als Vorschlag oder Wunsch im Raum stehen:

Мону билзимзе ...!	Wenn ich das wüsste ...!

Vorzeitigkeit und Nachzeitigkeit sowie weitere Möglichkeiten der Differenzierung lassen sich dadurch bilden, dass man die konditionalen Formen von **бол-** hinter einzelne Partizipien des Vollverbs, vorzugsweise das Präsens-Futur und das Perfekt auf **-ген**, stellt:

Соок болур болза, соңганы хаап ал.	Schließe das Fenster, wenn es kalt wird.
Бөрүден коргар болза, арыг ишти кирбес.	Wenn man sich vor Wölfen fürchtet, geht man nicht in den Wald.

Самолёт Лондондан эртен сес шакта ужуп үнген болза, Москвага каш шакта келген-дир?	Wenn das Flugzeug morgens um acht Uhr in London abgeflogen ist, um wie viel Uhr ist es dann in Moskau angekommen?
Күс апарган болза-даа, ыяштар ам-даа ногаан.	Wenn auch der Herbst erschienen ist, so sind die Bäume immer noch grün.
Келген болзуңза, амыраар ийик мен/амыраар турган ийик мен.	Wenn du gekommen wärst, hätte ich mich gefreut.
Келген болзуңза ...!	Wärst du doch nur gekommen ...!

IX. Verbalnomina

1. Allgemeines

Verbalnomina sind einerseits Verbalsubstantive oder Infinitive, die eine Handlung oder einen Sachverhalt beschreiben. Je nachdem, welchen Kasus das folgende Verb regiert, können sie dekliniert und im Zusammenhang mit Postpositionen verwendet werden:

Өнерниң дузалашканы	die Tatsache, dass Öner geholfen hat
Өнерниң дузалажыры	die Tatsache, dass Öner helfen wird
Өнерниң дузалажып турары	die Tatsache, dass Öner hilft

Auf der anderen Seite sind Verbalnomina auch Verbaladjektive oder Partizipien, deren Wiedergabe im Deutschen zumeist in Form eines Relativsatzes erfolgt. Da sie als Adjektive verstanden werden, können sie nicht nur attributiv vor einem Substantiv stehen, sondern auch selbst substantivisch gebraucht werden (vgl. Kapitel II). In dieser letzteren Funktion bilden sie u.a. die Gruppe von Prädikatsnomina, die zur Bildung finiter Verbformen eingesetzt werden (vgl. Kapitel VIII):

дузалашкан өңнүк	ein Freund, der geholfen hat
дузалажыр өңнүк	ein Freund, der helfen wird
дузалажып турар өңнүк	ein Freund, der hilft

дузалашкан	einer, der geholfen hat
дузалажыр	einer, der helfen wird
дузалажып турар	einer, der hilft

2. Das Verbalsubstantiv auf **-ген**

Durch das Verbalnomen auf **-ген** wird eine Tätigkeit wiedergegeben, die in der Vergangenheit begonnen wurde und noch bis in die Gegenwart reichen kann:

Бо, Тывага бир-ле дугаар келгеним.	Dies ist das erste Mal, dass ich nach Tyva gekommen bin.
Келгениӊер эки болган.	Es war gut, dass ihr gekommen seid.
Силерниӊ-биле танышканым меӊээ өөрунчүг болду.	Dass ich Ihre Bekanntschaft gemacht habe, war erfreulich für mich.

Im Zusammenhang mit **өөрү-** *sich freuen*, **четтир-** *zufriedengestellt sein*, *sich bedanken* steht das Verbalnomen im Dativ:

Силерге ужурашканымга кончуг өөрүп тур мен.	Ich freue mich sehr, dass ich Sie getroffen habe.
Биске дузалааныӊарга четтирдим.	Ich danke euch, dass ihr uns geholfen habt.

Im Akkusativ steht das Verbalnomen bei Verben wie **айыт-** *zeigen*, *erklären*, **бил-** *wissen*, *verstehen*, **дыӊна-** *hören*, **илерет-** *zum Ausdruck bringen*, **көр-** *sehen*, **сагын-** *sich erinnern*, **ут-** *vergessen*, **эскер-** *bemerken*:

Оглувустуӊ кадай алганын билир сен бе?	Weißt du, dass unser Sohn geheiratet hat?
Аалчыларныӊ чедип келгеннерин көрдүм.	Ich habe gesehen, dass die Gäste angekommen sind.
Силерни шаанда көргенимни сагынып тур мен.	Ich erinnere mich daran, dass ich Sie früher schon einmal gesehen habe.

Auf die gleiche Art werden Sätze wiedergegeben, die deutschen indirekten Fragesätzen entsprechen:

Ачавыстыӊ кайнаар чоруй барганын билир сен бе?	Weißt du, wohin unser Vater gegangen ist?
Ол чоруктуӊ кажан болганын уткан мен.	Ich habe vergessen, wann die Sache sich ereignet hat.

Der Lokativ dient der Wiedergabe von Temporalsätzen, die im Deutschen durch *als*, *wenn* eingeleitet werden:

Мен оттуп келгенде, караңгы хевээр турган.	Als ich aufwachte, herrschte nach wie vor Dunkelheit.
Чаашкын намдаанда, шупту улус мөөгү чыып чорупкан.	Als der Regen aufgehört hatte, sind alle (Leute) Pilze sammeln gegangen.

Durch den Ablativ werden Kausalsätze wiedergegeben:

Мен хөй кылаштаанымдан турупкан мен.	Ich bin vom vielen Gehen ermüdet.
Турупканымдан карактарым шимдинип турду.	Weil ich ermüdet bin, sind mir die Augen zugefallen.

Kausalsätze entstehen des Weiteren mit Hilfe der Postpositionen **ужун**, **ужурунда** und **дээш** (vgl. S. 46, 91):

Ол аараан ужун мында чок.	Er ist nicht da, weil er erkrankt ist.
Соок болган ужурунда, чылыг кеттинген мен.	Weil es kalt geworden ist, habe ich mich warm angezogen.
Озалдаан дээш өршээп көрүңер.	Bitte entschuldigen Sie, dass ich mich verspätet habe.
Мени вокзалга чедир үдеп каан дээш силерге четтирдим.	Danke, dass ihr mich bis zum Bahnhof begleitet habt.

Mit Hilfe der Postposition **соонда** (vgl. S. 48) entstehen Temporalsätze, die im Deutschen mit *nachdem* beginnen. Hierbei bleibt das Verbalnomen ohne Possessivsuffix. Ist das Subjekt der Nebenhandlung ein anderes als das der Haupthandlung, wird es zusätzlich an den Satzanfang gestellt:

Үр чораан соонда бис чайлагга чеде берген бис.	Nachdem wir lange gefahren waren, haben wir die Sommerweide erreicht.
Аалчылар чоруй барган соонда, бис удуп чыдып алган бис.	Nachdem die Gäste gegangen waren, haben wir uns schlafen gelegt.

Die Postposition **бээр** dient der Wiedergabe von Temporalsätzen mit *seit*:

Мен школаны дооскаңымдан бээр, бир чыл эрткен.	Seit ich die Schule beendet habe, ist ein Jahr vergangen.

3. Das Partizip auf **-ген**

Als Partizip dient das Verbalnomen auf **-ген** der Entsprechung deutscher Relativsätze. Bei dem folgenden Beispiel ist das auf das Partizip folgende Substantiv das Subjekt der Nebenhandlung; im Deutschen steht das Relativpronomen im Nominativ:

Сээң-биле чугаалашкан өөреникчи кымыл?	Wer ist/war der Schüler, der sich mit dir unterhalten hat?

Steht vor dem Partizip ein Substantiv mit dem Possessivsuffix der 3. Person im Nominativ, ist dieses das Subjekt der Nebenhandlung. Die deutsche Übersetzung erfolgt, indem man das Relativpronomen in den Genitiv setzt:

Башкызы сээң-биле чугаалашкан өөреникчи кымыл?	Wer ist/war der Schüler, **dessen Lehrer** sich mit dir unterhalten hat?

Folgt auf das Partizip ein Substantiv mit einem Possessivsuffix, kennzeichnet dieses Possessivsuffix das Subjekt der Nebenhandlung. Welchen Kasus bzw. Postpositionalkasus das Verb, das die Partizipialform bildet, regiert, bleibt dabei unberücksichtigt:

(Сээң) чугаалашкан өөреникчи**ң** кымыл?	Wer ist/war der Schüler, **mit dem du** dich unterhalten hast?

Steht in einem solchen Satz vor der Partizipialform zusätzlich ein Substantiv mit dem Possessivsuffix der 3. Person sowie dem Kasus bzw. dem Postpositionalkasus, den das betreffende Verb regiert, ist dieses das Objekt der Nebenhandlung:

Башкызы-биле чугаалашкан өөреникчиң кымыл?	Wer ist/war der Schüler, **mit dessen Lehrer** du dich unterhalten hast?

Stellt man das Verbalnomen vor einen Zeitbegriff, entstehen Temporalsätze, die im Deutschen durch *als* eingeleitet werden können:

Мен бо кижини бичии чораан үемден бээр бплир мен.	Ich kenne diesen Menschen seit der Zeit, als ich klein war.
Сеңээ төрүттүнген хүнүң-биле байыр чедирип тур мен.	Ich gratuliere dir zu dem Tag, an dem/als du geboren wurdest = ich gratuliere dir zum Geburtstag.

Das Partizip kann auch als Substantiv auftreten:

Мен дүн дургузунда удуваан ышкаш мен.	Ich bin wie einer, der die Nacht hindurch nicht geschlafen hat = mir ist, als hätte ich die Nacht hindurch nicht geschlafen.

Eine Eigenschaft des Partizips auf **-ген** besteht darin, dass es ebenso wie die deutschen Partizipien des Perfekt auch als Adverb dienen kann.

Четкен дораан телефон долга.	Angekommen, rufe sofort an.
Соңга дужунда хадың өзүп келген турар.	Gegenüber dem Fenster steht eine Birke herangewachsen da.

Zur Beschreibung eines konkreten, in der Vergangenheit stattgefundenen Ereignisses verwendet das Tyva die Verbindung **-(и)п турган** (vgl. S. 68):

Маңаа улуг өг-бүлениң чурттап турганы илдең.	Es ist zu merken, dass hier eine große Familie gewohnt hat/hatte.
Бүгү чүве бодап турганывыс дег болган.	Es hat sich alles so zugetragen, wie wir gedacht hatten.

Bei der Wiedergabe von Relativsätzen kann bei dieser Konstruktion das Possessivsuffix statt an das auf das Partizip folgende Substantiv auch an das Partizip selbst angefügt werden:

Бо бистиң чугаалажып турганывыс өөреникчи.	Das ist der Schüler, über den wir uns gerade unterhalten haben/hatten.

4. Das Verbalsubstantiv auf **-ер/ир**

Dieses Verbalnomen ist die präsens-futurische Entsprechung des Verbalnomens auf **-ген**. Es drückt einerseits eine in der Gegenwart andauernde oder regelmäßig wiederholte wie auch andererseits eine in der nahen Zukunft liegende, erwartete oder erhoffte Handlung aus.

Im Zusammenhang mit **ужурлуг бол-** *ratsam sein*, **херек бол-** *notwendig sein, müssen* gibt es ohne Possessivsuffixe eine allgemeine Tätigkeit wieder und entspricht so in vieler Hinsicht deutschen Nebensätzen mit dem Infinitiv mit *zu*:

Даарта бис ужуражыр ужурлуг бис.	Wir sollten uns morgen treffen.
Сүттү соок черге шыгжаар херек.	Es ist notwendig, Milch an einem kalten Ort aufzubewahren.

Als Zitat mit anschließendem **дээш** (vgl. S. 91) dient es der Wiedergabe von Finalsätzen:

Мен маңаа дыштаныр дээш келдим.	Ich bin hierhergekommen, um mich zu erholen.

Meist erhält es zur Bezeichnung einer allgemeinen Tätigkeit das Possessivsuffix der 3. Person. In dieser Form kann es das Subjekt eines Satzes bilden wie auch dekliniert werden:

Силер-биле таныжары өөрүнчүг-дүр.	Es ist erfreulich, Sie kennen zu lernen.

Im Dativ steht es vor Verben wie **белен бол-** *bereit sein*, **чаңчык-** sich *daran gewöhnen*, **ынак бол-** *lieben*:

Аъттанырынга белен силер бе?	Seid ihr bereit, aufzubrechen?
Мен эрте турарынга чаңчыккан мен.	Ich bin es gewohnt, früh aufzustehen.
Мен эштиринге ынак мен.	Ich liebe es, zu schwimmen.

Hier sind es vor allem die Verben **каг-** *werfen*, *aufgeben*, **оралдаш-** *sich bemühen*, **соксат-** *aufhören*, **сүмеле-** *empfehlen*, **төндүр-** *beenden*, **ут-** *vergessen*, bei denen das Verbalnomen im Akkusativ steht:

Шын чугаалаарын оралдажып тур мен.	Ich bemühe mich, richtig zu sprechen.
Соңгаларны хаарын утпа.	Vergiss nicht, die Fenster zu schließen.
Акым таакпылаарын соксаткан.	Mein Bruder hat zu rauchen aufgehört.
Кандыг номну номчуурун сүмелээр силер?	Welches Buch empfehlen Sie (mir) zu lesen?

Den Ablativ regieren Verben wie **корт-** *sich fürchten*, **эген-** *sich genieren*:

Бис азарындан коргуп чораан бис.	Wir hatten Angst, uns zu verirren.
Кызым силерниң-биле чугаалажырындан эгенир-дир	Meine Tochter geniert sich, mit Ihnen zu sprechen.

Mit Possessivsuffixen drückt das Verbalsubstantiv auf **-ер/ир** eine konkrete, auf eine handelnde Person bezogene Tätigkeit aus, die im Bereich der Gegenwart oder Zukunft liegt. Die deutsche Wiedergabe erfolgt durch ein Verbalsubstantiv oder eine Konstruktion mit *die Tatsache, dass*:

Келирим чадавас.	Mein Kommen ist möglich/ es ist möglich, dass ich komme.
Хартыганың ужары каарганның ужарындан дүрген.	Das Fliegen eines Habichts ist schneller als das Fliegen eines Raben = ein Habicht fliegt schneller als ein Rabe.

Шимээн мээң ажылдаарымга шаптыктап турар.	Der Lärm hindert mich am Arbeiten.

Келириңерни билген болзумза, силерни манаар ийик мен.	Wenn ich gewusst hätte, dass ihr kommt, hätte ich auf euch gewartet.
Өйүнде келириңерни дилээйн.	Ich möchte Sie bitten, rechtzeitig zu kommen.

Сээң артык калырыңны күзеп тур мен.	Ich wünsche mir, dass du noch bleibst.
Шиинниң эгелээрин манап тур бис.	Wir warten darauf, dass die Vorstellung beginnt.
Мээң чоруурумну чөпшээреңер.	Gestatten Sie, dass ich gehe.
Мен чүнү кылырымны билбес мен.	Ich weiß nicht, was ich tun werde/soll.

Mit Postpositionen:

Даң адып кээри биле/билек, куштар ырлажы бээр.	Mit der Morgendämmerung fangen die Vögel an zu singen = kaum dass der Morgen dämmert, fangen die Vögel an zu singen.
Чем чиириң мурнунда холдарыңны чуг.	Wasche dir vor dem Essen die Hände.
Бис поезд чоруурунуң чартык шак мурнунда бажыңдан үнүп тураалыңар.	Lasst uns eine halbe Stunde, bevor der Zug abfährt, aus dem Haus gehen.
Чус кижиниң арнын көөр орнунга, чаңыс кижининң адын таныш ал.	Statt hundert Menschen ins Gesicht zu schauen, kenne (lieber) den Namen eines einzigen Menschen.
Автобустуң чоруурунга чедир үш минута арткан.	Es sind drei Minuten, bis der Bus abfährt.

Zur Bildung von Temporalsätzen, die im Deutschen durch *als*, *sobald*, *wenn* eingeleitet werden, steht das Verbalnomen im Dativ:

Москвага кээриңерге, агаар кандыг болду?	Wie war das Wetter, als ihr in Moskau angekommen seid?
Чайлагга чеде бээривиске, өгнүң ээлери өөрушкулуг уткуп алган.	Bei unserer Ankunft im Sommerlager haben uns die Besitzer der Jurten freudig empfangen.
Өрээлде, столду санаваска, чүү-даа чок болган.	Im Zimmer war nichts, wenn man den Tisch nicht mitzählt. = im Zimmer war außer dem Tisch nichts.

Durch den Lokativ werden Temporalsätze mit *während* wiedergegeben:

Бис кежээ шайлап олурувуста, бир аңчы кижи кирип келген.	Als/während wir eines Abends Tee tranken, kam ein Jäger herein.

5. Das Partizip auf -**ер/-ир**

Auch als Partizip hat das Verbalnomen auf **-ер/-ир** präsens-futurische Bedeutung:

Сээң-биле чугаалажыр өөреникчи кымыл?	Wer ist der Schüler, der sich mit dir unterhält/unterhalten wird?
(Сээң) чугаалажыр өөреникчиң кымыл?	Wer ist der Schüler, mit dem du dich unterhältst/unterhalten wirst?

Мээң бажыңымче чанар үем келди.	Für mich ist es Zeit, nach Hause (zurück) zu gehen.

Stellt man das Partizip vor **орнунга** *an seine Stelle* entsteht ein Satz, der im Deutschen durch *statt zu* eingeleitet wird:

Чус кижиниң арнын көөр орнунга, чаңыс кижининң адын таныып ал.	Statt hundert Menschen ins Gesicht zu schauen, kenne (lieber) den Namen eines einzigen Menschen.

Das Partizip kann auch als Substantiv auftreten:

Мен бо кижини таныыр ышкаш мен.	Ich bin wie einer, der diesen Menschen kennt = mir ist, als würde ich diesen Menschen kennen.

Schließlich dient es auch der Bildung von feststehenden Begriffen:

кезер эмчи	ein Arzt, der schneidet; Chirurg
дыштаныр хүн	Tag, an dem man ruht; Ruhetag.

Zur Beschreibung einer konkreten gegenwärtigen Handlung verwendet das Tyva die Verbindung **-(и)п турар** (vgl. S. 57):

Даштыкы дылдар өөренип турарың эки-дир.	Es ist gut, dass du Fremdsprachen lernst.
Силерге шаптыктап турарым дээш өршээп көрүңер.	Verzeihen Sie, dass ich Sie störe.
Бистиң кайда чурттап турарывысты билир сен бе?	Weißt du, wo wir wohnen?

Сээң-биле чугаалажып турар өөреникчи кымыл?	Wer ist der Schüler, der sich (gerade) mit dir unterhält?
(Сээң) чугаалажып турар өөреникчиң кымыл?	Wer ist der Schüler, mit dem du dich (gerade) unterhältst?

Adjektive einschließlich **бар** *vorhanden* und **чок** *nicht vorhanden* werden ohne Zuhilfenahme eines Hilfsverbs als selbständige Nomina eingesetzt:

Аалче чоруп, ында кандыг улустар барын көрүп, таныжып көрээли.	Lass uns zum Aul gehen, lass uns sehen, was für Leute dort sind und lass uns mit ihnen Bekanntschaft schließen.
Во эмни рецепт чокка ап болур мен бе?	Kann ich das Medikament ohne Rezept bekommen?
Дус чокта амдан чок, тура чокта күш чок.	Wenn kein Salz da ist, ist der Geschmack nicht da; wenn der Wille nicht da ist, ist die Kraft nicht da.
Бо болуушкун силер чогуңарда болган.	Das Ereignis hat sich in eurer Abwesenheit zugetragen = das Ereignis hat sich zugetragen, als ihr nicht da wart.

6. Das Verbalnomen auf **-гелек**

Auch die Form auf **-гелек** (vgl. S. 60) ist ein Verbalnomen, das als Verbalsubstantiv wie auch als attributives und substantivisch verwendetes Partizip auftreten kann:

Хуусаа четкелекте ажылывысты доостувус.	Wir haben unsere Arbeit beendet, als der Zeitpunkt (dafür) noch nicht erreicht war = wir haben unsere Arbeit vor Ablauf der Frist beendet.
Хүн үнгелекте, бажыңывыска чедип келдивис.	Wir sind zu Hause angekommen, als die Sonne noch nicht aufgegangen war.

Бышкалак кат чыып албаңар.	Sammelt keine Beeren, die noch nicht reif sind = sammelt keine unreifen Beeren.

Бо номну номчаалактарга ону баштай бээр херек.	Dieses Buch muss man zuerst denen geben, die es noch nicht gelesen haben.

X. Konverbien

Konverbien sind Verbformen, die dadurch entstehen, dass man an den Stamm eines Verbs ein bestimmtes Suffix anfügt und sie dann nicht weiter dekliniert oder konjugiert, so dass Zeitpunkt sowie Subjekt der auf diese Art wiedergegebenen Handlung erst aus einem folgenden Verb deutlich werden. Durch Konverbien werden im Wesentlichen Sachverhalte wiedergegeben, die deutschen Adverbialsätzen entsprechen (vgl. die Übersicht über die deutschen Nebensätze und ihre tyvanischen Entsprechungen, S. 114).

1. Das Konverb auf **-й/е/и**

Dieses Konverb wird gebildet, indem man an den Stamm eines Verbs nach Vokal **-й**, nach Konsonant **-е** oder **-и** anfügt, wobei auch hier die gleichen Regeln wie bei der Bildung des Präsens-Futur gelten (vgl. S. 58). Es dient der Wiedergabe von Modalsätzen, die im Deutschen durch *indem*, *wobei* oder ein adverbiales Partizip eingeleitet werden. Tritt es in verdoppelter Form auf, wird die Nebenhandlung intensiviert zu *indem immer wieder*, *wobei immerzu*:

Номну чыда номчудум.	Ich habe das Buch im Liegen gelesen.
Кежээни бажыңынга олура эрттирдивис.	Wir haben den Abend zu Hause sitzend verbracht.
Уруглар каттыра-каттыра хемче маңнап чоруй барганнар.	Die Kinder sind unter großem Gelächter zum Fluss gerannt.
Уруглар алгыра-кышкыра школадан маңнап үнүп келгеннер.	Die Kinder sind rufend und schreiend aus der Schule gerannt (gekommen).
Бис бажыңывысче далажы-далажы чордувус.	Wir sind in großer Eile nach Hause gelaufen.

е, и	ө, ү	а, ы	о, у
бижий	өөрүй	дыңнай	номчуй
бере	шөе	кылы	олура
эме	үне	чана	доңа
иже	төге	чыда	дооза

2. Verbalkompositionen mit dem Konverb auf **-й/е/и**

Eine Eigenschaft dieses Konverbs besteht darin, dass es sich mit einigen Verben, die in diesem Zusammenhang zu Hilfsverben werden und dabei teilweise ihre ursprüngliche Bedeutung verlieren, zu Verbalkompositionen verbindet.

Das Verb **бер-** *geben* kann einerseits den Beginn einer Handlung, andererseits aber auch deren Endpunkt ausdrücken:

Чаъс чаай берген.	Es hat angefangen zu regnen.
Кырган-ачам мени көргеш, каттыра берген.	Als mein Großvater mich sah, hat er angefangen zu lachen.

Шай соой берген.	Der Tee ist kalt geworden.
Машина бажың чанынга доктаай берген.	Das Auto hat neben dem Haus angehalten.

Durch das Verb **дүш-** *fallen* wird verdeutlicht, dass die beschriebene Handlung nur kurzfristig andauert:

Библиотекага номнар алыр дээш кире дүжейн.	Ich gehe kurz in die Bibliothek, um Bücher zu holen.

3. Das Konverb auf **-(и)п**

Dieses Konverb wird eingesetzt, um bei der Auflistung von Tätigkeiten die Wiederholung gleicher Suffixe zu vermeiden. Die geschilderten Handlungen können zeitlich nacheinander oder auch gleichzeitig erfolgen; dabei ist auch ein Subjektwechsel möglich:

Бис туруп, кеттинип, эртенги чем чип турдук.	Wir sind aufgestanden, haben uns angezogen und gefrühstückt.
Час дүжүп, хар эрип, ландыштар чечектелип эгелээн.	Der Frühling ist gekommen, der Schnee ist geschmolzen und die Maiglöckchen haben angefangen zu blühen.

е, и	ө, ү	а, ы	о, у
бижип	өөрүп	дыңнап	номчуп
берип	шөйүп	кылып	олуруп
эмип	үнүп	чанып	доңуп/дооп
ижип	төгүп	чыдып	доозуп

Eine Verdoppelung bedeutet, dass sich die Handlung über einen längeren Zeitraum erstreckt:

Адыг удуп-удуп, оттуп келген.	Der Bär hat geschlafen und geschlafen und ist aufgewacht.

Eine häufig gebrauchte Form ist **болуп** bzw. **боoп** in der Bedeutung (*in der Eigenschaft*) *als*:

Кым боoп ажылдап турар силер?	Als was (wörtl.: wer) arbeiten Sie?
Мен башкы боoп ажылдап турар мен.	Ich bin als Lehrer tätig.

4. Verbalkompositionen mit dem Konverb auf **-(и)п**

Das Tyva besitzt eine Fülle an Verbalkompositionen mit dem Konverb auf **-(и)п**, bei denen die Bedeutung des als Hilfsverb fungierenden zweiten Verbs vielfach noch spürbar ist. Das Deutsche verwendet in einem solchen Fall Präfixe wie *ab-*, *an-*, *auf-*, *herbei-*, *vorbei-*, *weg-* etc.:

Zwei besonders häufig verwendete Verbindungen sind zu einer Verbform zusammengezogen:

алып бар- > аппар-	nehmen und gehen; hinbringen
алып кел- > эккел-	nehmen und kommen; herbringen

Бо орук каяа аппаарыл?	Wohin führt dieser Weg?
Почтальон чагаа эккелген.	Der Briefträger hat einen Brief gebracht.

Mit Hilfe der Verben **ал-** *nehmen* und **бер-** *geben* wird verdeutlicht, dass die wiedergegebene Handlung jeweils zugunsten einer Person erfolgt:

Мээӊ адрезимни бижип алыӊар.	Schreiben Sie (sich) meine Adresse auf.
Адрезиӊерни бижип бериӊер.	Schreiben Sie (mir) Ihre Adresse auf.

Durch das Verb **бил-** *wissen*, *können* wird eine erlernte Fähigkeit wiedergegeben:

Эштип билир силер бе?	Können Sie schwimmen?
Чок, билбес мен.	Nein, kann ich nicht.

Бичии уруг ам-даа номчуп-даа, бижип-даа билбес.	Das kleine Kind kann noch nicht lesen und schreiben.

In Verbindung mit dem Konverb auf **-(и)п** erhält **бол-** *werden*, *sein* die Bedeutung *möglich sein*, *gestattet sein*, *dürfen*:

Кирип болур бе?	Ist es gestattet einzutreten?
Бо өрээлге таакпылап болбас.	Es ist nicht gestattet, in diesem Zimmer zu rauchen.

Als Hilfsverb verleiht **каг-** *werfen* der beschriebenen Handlung einen gewissen Nachdruck:

Адрезиӊни бижип каг.	Schreibe deine Adresse auf.
Өӊнүктерим мени аэродромга чедир үдеп кааннар.	Meine Freunde haben mich bis zum Flughafen begleitet.
Мен үр удуп чадап кагдым.	Ich war lange nicht in der Lage, einzuschlafen.

Das Verb к**ал-** *bleiben* drückt das Einsetzen einer Handlung und zugleich das Andauern des eingetretenen Zustandes aus:

Хем доӊуп калган.	Der Fluss ist zugefroren.
Бичии уруглар удуп калдылар.	Die Kinder sind eingeschlafen.
Машина доктаап калган.	Das Auto ist stehen geblieben.

Das Verb **кел-** *kommen* drückt nicht nur eine räumliche Bewegung zum Standort des Sprechers hin aus. Es kann auch verdeutlichen, dass eine Tätigkeit sich bis zum gegenwärtigen Zeitpunkt erstreckt:

Аалчылар чедип келгеннер.	Die Gäste sind angekommen.
Күзүн хараачыгайлар мурнуу чүкче ужуп чоруй баар, а чазын чанып келир.	Im Herbst fliegen die Schwalben in südliche Richtung davon, und im Frühling kehren sie zurück.

Мен ам 35 чыл башкы болуп ажылдап келдим.	Ich arbeite jetzt 35 Jahre als Lehrer.
Бис кышты өттүр лыжалап келген бис.	Wir sind den Winter über (bis jetzt) Ski gefahren.

Verbunden mit **көр-** *sehen, schauen* entsteht die Bedeutung *probieren, versuchen.* Gleichzeitig dient es der Abschwächung einer Aufforderung:

Бөртту кедип көрейн.	Ich möchte den Hut anprobieren.
Дузалажып көрүңер.	Bitte helfen Sie/versuchen Sie zu helfen.

Das Verb **үн-** *hinausgehen* bringt einerseits die räumliche Bewegung vom Standort des Sprechers fort wie auch andererseits das plötzliche Einsetzen einer Handlung zum Ausdruck:

Самолёт кажан ужуп үнерил?	Wann fliegt das Flugzeug ab?
Өңнүктер каттыржып үнгеннер.	Die Freunde sind in Gelächter ausgebrochen.

Das Verb **шыда-** *können* beinhaltet, dass man in einer konkreten Situation in der Lage bzw. bei Verneinung nicht in der Lage ist, etwas zu tun:

Мен силерниң чагааңарны дамчыдып берип шыдаар мен.	Ich werde Ihren Brief überbringen können.
Мен бөгүн силерниинге кээп шыдавас мен.	Ich werde heute nicht zu euch kommen können.

Ähnlich dem Verb **каг-** *werfen* (s.o.) bringt auch das Verb **ыт-** *schicken* zum Ausdruck, dass eine Handlung endgültig und gründlich durchgeführt werden soll oder wurde. Es ist mit der Konverbform des vorausgehenden Hauptverbs verschmolzen und fügt sich nun in die Vokalharmonie ein:

Сенче бижиптер мен (< бижип ыдар мен).	Ich werde dir (bestimmt) schreiben.
Аалчылар аъттаныпканнар (< аъттаныпп ытканнар).	Die Gäste sind abgereist.
Уруглар журналдары бар бе? Чок, садып кааптывыс (< каап ыдывыс).	Gibt es Kinderzeitschriften? Nein, wir haben sie (alle) verkauft.

Das Verb **эгеле-** *beginnen*, *anfangen* gibt das aktive Beginnen mit einer Handlung an:

Мен башкы болуп ажылдап эгеледим.	Ich habe angefangen, als Lehrer zu arbeiten.
Чаш уруг удавас чугаалап эгелээр.	Das kleine Kind wird bald zu sprechen anfangen.

Eine eigene Gruppe bilden die Verbalkompositionen mit den Verben **тур-** *stehen*, **олур-** *sitzen*, **чор** *gehen* und **чыт-** *liegen* (vgl. S. 56, 66, 79, 84).

5. Die Formen **деп** und **дээш**

Eine besondere Funktion erfüllen die Konverbformen **деп** und **дээш** des Verbs **де/ди-** *sagen*. Hierbei sind zwei grundlegende Dinge vorauszuschicken: Zum einen bevorzugt das Tyva die Wiedergabe direkter Reden, zum anderen hat auf eine solche direkte Rede immer eine Form des Verbs **де/ди-** *sagen* zu folgen:

Өнер чүү дээнил?	Was hat Öner gesagt?
Мени кежээ кел дээн.	Er hat (mit Blick auf mich) gesagt: komme am Abend = er hat gesagt, dass ich am Abend kommen soll.

Мени айтырза, сес шакта келир дээр силер.	Wenn man nach mir fragt, sagt ihr: „Er kommt um acht Uhr“ = wenn man nach mir fragt, sagt ihr, dass ich um acht Uhr komme.

Soll auf das Zitat ein anderes Verb folgen, werden als Verbindungen die Formen **деп** oder **дээш** eingeschoben. Zitatzeichen werden nicht immer gesetzt. Die Formen **деп** oder **дээш** sind der einzige Hinweis darauf, dass an dieser Stelle ein Zitat endet; der Beginn des Zitats muss aus dem Kontext erschlossen werden:

Мен кым келгенил деп айтырарымга, угбам Өнер келген деп харыылаан.	Als ich fragte, wer gekommen ist, hat meine ältere Schwester geantwortet, dass Öner gekommen ist.

Силер бөгүн кежээ чүнү кылыр деп бодап тур силер?	Was gedenkt ihr heute Abend zu tun?
Мен делгелге ажыттынган деп дыңнаан мен.	Ich habe gehört, dass die Ausstellung eröffnet ist.

Die Form **дээш** steht vor allem hinter Zitaten, die einen Imperativ enthalten:

Кызымны солун эккелзин дээш чоруттум.	Ich habe meine Tochter geschickt, damit sie die Zeitung bringt.
Бичии уругну ушпазын дээш холундан тудар.	Ich habe das kleine Kind an der Hand genommen, damit es nicht hinfällt.

Die Verbindung von **деп** mit dem Verb **тур-** *stehen* hat die Bedeutung *beabsichtigen*. Die Person innerhalb des Zitats steht dabei in der 3. Person:

Чүнү кылыр деп тур силер?	Was beabsichtigst du zu tun?
Мен даарта ажылымны доозар деп тур мен.	Ich beabsichtige, meine Arbeit morgen zu Ende zu bringen.

Schließlich tritt **деп** als erstarrte Form eines Partizip Perfekt mit passiver Bedeutung auf:

Мээң Өнер деп өңнүүм бар.	Ich habe einen Freund namens Öner.

6. Das Konverb auf **-вейн**

Dieses Konverb ist die negativen Entsprechung der Konverbien auf **-й/е/и** und **-(и)п.** Es bringt zum Ausdruck, dass eine vorhergehende oder eine Begleithandlung unterblieben ist oder unterbleibt. Die deutsche Übersetzung erfolgt meist durch *ohne zu*, doch können auch Kausal- oder Temporalsätze entstehen:

Бис бажыңывысче далашпайн чордувус.	Wir sind, ohne uns zu beeilen, nach Hause gegangen.
Согушпайн, кырышпайн, чугаалажып олуруңар.	Setzt euch und unterhaltet euch, ohne euch zu prügeln und zu streiten.
Агаар эки-дир, ындыг болганда хол майгынын албайн барып болур.	Das Wetter ist gut, daher kann man gehen, ohne den Schirm zu nehmen.
Аъдым тывылбайн, чадаг чордум.	Als/weil mein Pferd unauffindbar war, bin ich zu Fuß gegangen.

е, и	ө, ү	а, ы	о, у
биживейн	өөрүвайн	дыңнавайн	номчувайн
бербейн	шөйбейн	кылбайн	олурбайн
эммейн	үнмейн	чанмайн	доңмайн
ишпейн	төкпейн	чытпайн	дооспайн

7. Das Konverb auf **-геш**

Das Konverb auf **-геш** wird zunächst ähnlich dem Konverb auf **-(и)п** eingesetzt, um die Wiederholung gleicher Suffixe zu vermeiden. Anders als bei **-(и)п** folgen diese Handlung jedoch ausschließlich zeitlich aufeinander, so dass auch Temporalsätze entstehen können, die im Deutschen durch *sobald*, *als* oder auch *nachdem* wiedergegeben werden können:

Номну номчуп каапкаш, ынчан ону эгидип бээр мен.	Ich werde das Buch lesen und es dann zurückgeben = ich werde das Buch zurückgeben, sobald/wenn/nachdem ich es gelesen habe.

Школаны доoскаш, чүнү кылыр сен?	Was wirst du machen, wenn/nachdem du die Schule beendet hast?
Поезд беш минута болгаш келир.	Der Zug kommt, wenn es fünf Minuten geworden sind = der Zug kommt in fünf Minuten.
Өңнүү чүү болурун билбес-тир мен – дээш, Өнер каттыра берген.	Als sein Freund sagte: „Ich weiß nicht, was weiter geschehen soll“, fing Öner an zu lachen.

е, и	ө, ү	а, ы	о, у
бижээш	өөрээш	дыңнааш	номчааш
бергеш	шөйгеш	кылгаш	олургаш
эмгеш	үнгеш	чангаш	доңгаш
ишкеш	төккеш	чыткаш	дооскаш

Bisweilen lässt der Kontext auch eine Wiedergabe als Kausalsatz oder Konzessivsatz zu:

Уруглар корткаш, ыытташпааннар.	Die Kinder fürchteten sich und gaben keinen Laut von sich = die Kinder sagten nichts, weil sie sich fürchteten.
Дүлгүүрүмнү дилээш, тыппаан мен.	Als ich meinen Schlüssel gesucht habe, habe ich ihn nicht gefunden = obwohl ich meinen Schlüssel gesucht habe, habe ich ihn nicht gefunden.

8. Das Konverb auf **-вишаан**

Die Verbform **-вишаан**, die als Prädikatsnomen eine noch andauernde Tätigkeit beschreibt (vgl. S. 59), dient adverbial der Wiedergabe von Modalsätzen, die im Deutschen durch *indem*, *wobei* oder ein adverbiales Partizip eingeleitet werden. Im Vergleich zu dem Konverb auf **-й/е/и** ist die handelnde Person bei **-вишаан** aktiver an dem geschilderten Vorgang beteiligt:

Өөреникчи менче көрүнмүшаан, харыылап турган.	Der Schüler hat geantwortet, wobei er sich nach mir umgesehen hat.

Бичии урук ойнавышаан өөренип чораан.	Das Kind hat spielend gelernt.
Чанган чылды үдевишаан, Чаа чылды уткуп тур бис.	Indem wir das gehende Jahr (hinaus) geleiten, begegnen wir dem neuen Jahr.
Улуг-Хем, бодунуң оруунда хөй аърга-арыгларны болгаш бедик дагларны, хөй суурларны болгаш хоорайларны таварбышаан, Соңгу Доштуг океанче кирип чыдар.	Der Jenisej mündet ins nördliche Eismeer, wobei er auf seinem Weg viele Wälder und hohe Berge, viele Dörfer und Städte antrifft.

е, и	ө, ү	а, ы	о, у
биживишаан	өөрүвүшаан	дыңнавышаан	номчувушаан
бербишаан	шөйбүшаан	кылбышаан	олурбушаан
эммишаан	үнмүшаан	чанмышаан	доңмушаан
ишпишаан	төкпүшаан	чытпышаан	дооспушаан

9. Das Konverb auf **-геле**

Mit Hilfe des Konverbs auf **-геле** werden Temporalsätze wiedergegeben, die im Deutschen mit *seit* beginnen. Häufig bildet eine Zeitangabe den Hauptsatz:

Ындыг чүвени төрүттүнгеле көрбедим.	So etwas habe ich nicht gesehen, seit ich geboren wurde.
Ачам хоорайга ажылдаала, чээрби чыл ашкан.	Es sind mehr als zwanzig Jahre überschritten, seit mein Vater in der Stadt arbeitet/es sind jetzt mehr als zwanzig Jahre, dass mein Vater in der Stadt arbeitet.

е, и	ө, ү	а, ы	о, у
бижээле	өөрээле	дыңнаала	номчаала
бергеле	шөйгеле	кылгала	олургала
эмгеле	үнгеле	чангала	доңгала
ишкеле	төккеле	чыткала	дооскала

10. Das Konverb auf **-гиже**

Diese Konverbform setzt sich zusammen aus einem Verbalnomen auf **-ги** und dem Direktivsuffix **-же**. Sie dient der Wiedergabe deutscher Temporalsätze mit *bis*, bei Verneinung des Verbstamms mit *ehe nicht*, *solange nicht*. Da diese Form im Grunde genommen ein Verbalnomen ist, kann sie Possessivsuffixe erhalten, bevor das Direktivsuffix anschließt:

Мен келгижемче, сен бажыңга олур.	Bleibe/sitze du zu Hause, bis ich komme.
Мен келбээжемче, чорбас сен.	Du gehst nicht fort, solange/ehe ich nicht komme.
Сен келгижеңче, мен бо номну дөгере номчуптар мен.	Bis du kommst, werde ich das Buch vollständig lesen.
Карак чажы төгүлгүже каттырган бис.	Wir haben gelacht, bis Tränen geflossen sind = wir haben Tränen gelacht.

In den bejahten Formen bleibt das **г** zwischen Vokalen erhalten:

е, и	ө, ү	а, ы	о, у
бижигиже биживээжэ	өөрүгүже өөрүвээжэ	дыңнагыжа дыңнавааажа	номчугужа номчувааажа
бергиже бербээжэ	шөйгүже шөйбээжэ	алгыжа албаажа	олургужа олурбаажа
эмгиже эммээжэ	үнгүже үнмээжэ	чангыжа чанмаажа	доңгужа доңмаажа
ишкиже ишпээжэ	төккүже төкпээжэ	чыткыжа чытпаажа	дооскужа дооспаажа

XI. Konjunktionen

Entsprechungen deutscher Konjunktionen sind:

болгаш *und* (vgl. S. 94):

Лена, Өнер болгаш Марина чаңгыс класста өөренип турлар.	Lena, Öner und Marina sind in derselben Klasse.
Чай эрткен болгаш чаъстар эгелээн.	Der Sommer ist vorbei, und die Regenfälle haben eingesetzt.

Durch **биле** (vgl. S. 45) wird eine stärkere Gemeinsamkeit als durch **болгаш** zum Ausdruck gebracht. Stehen beide Substantive im gleichen Kasus, wird nur das zweite dekliniert:

Кыстарымның аттары - Алла биле Лена.	Meine Töchter heißen Alla und Lena.
Алла биле Ленаны көрүң бе?	Hast du Alla und Lena gesehen?
Чайны кырган-авам биле кырган-ачамның чанынга эрттирер бис.	Wir werden den Sommer bei meiner Großmutter und meinem Großvater verbringen.

а *und*, *aber*, *sondern*:

Бо ном эвес, а кыдырааш-тыр.	Das ist kein Buch, sondern ein Heft.
Даштын соок, а бажың иштинге чылыг.	Draußen ist es kalt, und/aber im Haus ist es warm.

ынчалза-даа *aber*, *dennoch*, *trotzdem*:

Бис аажох далашкан, ынчалза-даа озалдап калган бис.	Wir haben uns sehr beeilt; dennoch sind wir zu spät gekommen.
Хүн арай-ла үнгелек, ынчалза-даа хамнааарактар ырлап эгелей бергеннер.	Die Sonne ist noch kaum aufgegangen, da haben die Lerchen schon zu singen angefangen.

-даа … -даа *sowohl ... als auch*; (+ Neg.) *weder ... noch*:

Бичии уруг номчуп-даа, бижип-даа билир.	Das kleine Kind kann sowohl lesen als auch schreiben.
Бичии уруг номчуп-даа, бижип-даа билбес.	Das kleine Kind kann weder lesen noch schreiben.

азы *oder*:

Мен даарта азы соңгузу хүн чоруй баар мен.	Ich werde morgen oder übermorgen abreisen.
Силерге шай бе азы кофе бе эккеп берейн?	Soll ich Ihnen Tee oder Kaffee bringen?
Поезд-биле азы автобус-биле чоруур силер бе?	Werden Sie mit dem Zug oder mit dem Bus fahren?

азы ... азы, **чок болза … чок болза** *entweder ... oder*:

Мен азы даарта азы соңгузу хүн чоруй баар мен.	Ich werde entweder morgen oder übermorgen abreisen.
Кежээ кырган-авабыс чок болза ном номчуп, чок болза биске тоол ыдып берип турган.	Abends hat unsere Großmutter entweder ein Buch (vor)gelesen, oder sie hat uns Märchen erzählt.

Um von Beginn an deutlich zu machen, dass ein Konditionalsatz folgt, kann **бир эвес** an den Beginn eines Satzes gestellt werden:

Бир эвес самолёт Лондондан эртен сес шакта ужуп үнген болза, Москвага каш шакта келген-дир?	Wenn das Flugzeug morgens um acht Uhr in London abgeflogen ist, um wie viel Uhr ist es dann in Moskau angekommen?

чүге дээрге, **чүге дизе** *denn* (wörtl.: wenn man sagt: „weshalb“):

Келбес мен, чүге дээрге чайым чок.	Ich werde nicht kommen, denn ich habe keine freie Zeit.

XII. Partikeln

Häufig verwendete Partikeln sind:

ам *schon*:

Ам орайтай берген, удуп чыдып алыр үе келген.	Es ist schon spät geworden; es ist Zeit, schlafen zu gehen.

ам-даа (immer) *noch*, (+ Neg.) *noch nicht*:

Чаъс ам-даа чаап тур.	Es regnet immer noch.
Мен ам-даа могаваан мен.	Ich bin noch nicht müde.

база *auch*, *noch*:

Мананаар, мен база чоруур мен.	Wartet, ich gehe auch.
База бир стакан шайдан кут.	Gieße noch ein Glas Tee ein.

барык *fast*, *beinahe*:

Дүштеки чем барык белен.	Das Mittagessen ist fast fertig.

безин *sogar*, (+ Neg.) *nicht einmal*:

Ону бичии уруг безин билир.	Sogar ein kleines Kind weiß das.
Ынчаарда мен безин төрүттүнмээн турган мен.	Damals war ich noch nicht einmal geboren.

-ле *doch*, *schon*, *wirklich*:

Аалчылар дүүн-не чоруй барганнар.	Die Gäste sind doch gestern schon abgereist.
Силер меңээ кончуг-ла дузаладыңар, улуу-биле четтирдим.	Sie haben mir wirklich sehr geholfen, großen Dank.

чоп, **але** *ja*, *doch*:

Мен чугааладым чоп.	Ich habe es ja gesagt.
Мен маргышпайн-дыр мен аде.	Ich streite doch gar nicht.

чүгле *nur*, *erst*:

Мону чүгле сен билир сен.	Das weißt nur du.
Мен ону чүгле даарта көөр мен.	Ich werde ihn erst morgen sehen.

Die Partikel **-(е)м** dient dazu, Aufforderungen abzuschwächen:

Бо сөстү бижип бериңерем.	Bitte schreiben Sie dieses Wort auf.
Чаа номнарны көргүзүңерем.	Bitte zeigen Sie die neuen Bücher.

Durch **черле**, **чогум**, **ийик** und **ынчаш** werden Fragen aufgelockert:

Черле кажан ажылдап эгелээр бис?	Wann fangen wir denn mit der Arbeit an?
Чогум кажан келир силер?	Wann kommt ihr denn?
Институдуңар кайда ийик?	Wo ist denn euer Institut?
Мээң номум кайыл ынчаш?	Wo ist denn nur mein Buch?

Trotz Fragepronomens erhält das Prädikat eines Satzes in der 3. Person gewöhnlich eine zusätzliche, vermutlich aus **ол** *er* entstandene Partikel **-(и)л** (vgl. S. 35):

Бо кымыл?	Wer ist das?

Für Fragen, die mit *ja* oder *nein* beantwortet werden, verwendet das Tyva die Partikel **бе** (vgl. S. 36):

Бо стол хостуг бе?	Ist dieser Tisch frei?

Die Form **-дир** dient der Bekräftigung einer Aussage (vgl. S. 53):

Бо мээң өг-бүлем-дир.	Das ist meine Familie.

XIII. Wortbildung

Das Tyva besitzt eine große Anzahl von Suffixen, die der Wortbildung dienen. Dabei kann es vielfach zu Suffixhäufungen kommen, denn gerade im Bereich der Wortbildung zeigt sich die Vorliebe für den geradezu spielerischen Umgang mit Suffixen, der alle Turksprachen auszeichnet. Alle Wortbildungselemente im Einzelnen aufzuführen würde den Rahmen des vorliegenden Buches sprengen. Es soll daher nur eine repräsentative Auswahl vorgestellt werden.

1. Substantive auf **-жи** und **-(и)кчи**

Das Suffix **-жи** wird an Substantive angefügt; das so entstehende Wort bezeichnet eine Person, die sich berufs- oder gewohnheitsmäßig mit dem durch das Substantiv bezeichneten Begriff beschäftigt:

иви	Ren	ивижи	Rentierzüchter
эм	Medikament	эмчи	Mediziner, Arzt
шүлүк	Gedicht	шүлүкчү	Dichter
балык	Fisch	балыкчы	Fischer
тудуг	Bauwesen, Bau	тудугжу	Architekt
тоол	Märchen	тоолчу	Märchenerzähler

Bei Verbstämmen lautet das entsprechende Suffix **-(и)кчи**:

өөрен-	lernen, studieren	өөреникчи	Schüler
көр-	sehen, schauen	көрүкчү	Zuschauer
дузала-	helfen	дузалакчы	Helfer
дыңна-	zuhören	дыңнакчы	Zuhörer
номчу-	lesen	номчукчу	Leser
очулдур-	übersetzen	очулдурукчу	Übersetzer

2. Substantive auf **-жек/жик** und **-жигеш**

Die Suffixe **-жик/жек** und **-жигеш** werden an Substantive angefügt und bilden Diminutive:

дилги	Fuchs	дилгижек	Füchslein
кулун	Fohlen	кулунчак	kleines Fohlen
хем	Fluss	хемчик/хемчигеш	Flüsschen
хөл	See	хөлчүк/хөлчүгеш	kleiner See
аът	Pferd	аътчык/аътчыгаш	Pferdchen
оол	Junge, Sohn	оолчук/оолчугаш	kleiner Junge

3. Substantive auf **-шкилер** und **-лишкилер**

Diese beiden Suffixe werden ausschließlich an Verwandtschaftstermini angefügt und bilden Kollektiva:

ада(лы)шкылар	der Vater und die Seinen
ава(лы)шкылар	die Mutter und die Ihren (ihre Kinder)
акы(лы)шкылар	die älteren Brüder
угба(лы)шкылар	die älteren Schwestern
акы-дуңма(лы)шкылар	die (älteren und jüngeren) Geschwister

4. Verbalsubstantive auf **-(и)лге** und **-(и)ишкин**

Mit Hilfe der Suffixe **-(и)лге** und **-(и)ишкин** entstehen auf der Basis von Verbstämmen Substantive, die eine abstrakte Handlung bezeichnen:

өөрет-	unterrichten	өөредилге	Lehre, Studium
чала-	einladen	чалалга	Einladung
дыштан-	ausruhen	диштанылга	Erholung, Ferien
номчу-	lesen	номчулга	Lektüre, Lesung

чет-	erreichen	чедиишкин	Erfolg
эгит-	zurückgeben	эгидиишкин	Rückgabe
чарыл-	sich verabschieden	чарлыышкын	Abschied
озалда-	sich verspäten	озалдаашкын	Verspätung

5. Adjektive auf **-лиг**

Mit Hilfe dieses Suffixes werden aus Substantiven Adjektive gebildet:

чигир	Zucker	чигирлиг	zuckrig, gezuckert
өөрүшкү	Freude	өөрүшкүлүг	erfreut
күш	Kraft	күштүг	kräftig
амдан	Geschmack	амданныг	schmackhaft
угаан	Verstand	угаанныг	verständig, klug
дус	Salz	дустуг	salzig

Чигирлиг шай ижер мен.	Ich trinke Tee mit Zucker.

Das Suffix **-лиг** dient darüber hinaus der Angabe des Lebensalters (vgl. S. 39) wie auch der Wiedergabe von *haben*:

Ийи уруглуг мен.	Ich habe zwei Kinder.
Оглувус өг-бүлелиг.	Unser Sohn hat Familie.

6. Negierte Adjektive

Adjektive, die im Deutschen durch *-los* oder die Vorsilbe *un-* zum Ausdruck gebracht werden, werden im Tyva wiedergegeben, indem man **чок** *nicht vorhanden* hinter die entsprechenden Nomina stellt:

чигир	Zucker	чигир чок	ungezuckert
өөрүшкү	Freude	өөрүшкү чок	freudlos
күш	Kraft	күш чок	kraftlos
амдан	Geschmack	амдан чок	ohne Geschmack
угаан	Verstand	угаан чок	unverständig, dumm
дус	Salz	дус чок	ohne Salz, salzlos

Дус чок чем амдан чок болур.	Ein Essen ohne Salz ist ohne Geschmack.
Амдыызында уруглар чок бис.	Wir sind vorläufig kinderlos.

7. Das Zugehörigkeitssuffix **-ги/-ки**

Das Suffix **-нии** ist aus einer Verbindung des Genitivs mit dem Zugehörigkeitssuffix **-ги** entstanden. An Substantive, Personalpronomina sowie an **кым** *wer* angefügt, entstehen substantivierte Possessive. Bei der Deklination erhalten sie das pronominale **н**:

Бо ном кымныы?	Wem gehört dieses Buch?
Бо ном мээңии.	Dieses Buch gehört mir.
Дөө улуг бажың – акымныы.	Das große Haus da gehört meinem älteren Bruder.
Мээң өрээлим сээңииндeн биче.	Mein Zimmer ist kleiner als deines.
Даарта бистиинге келиңер.	Kommt morgen zu den Unsrigen/zu uns.
Силерниинден телефоннап болур бе?	Kann man von den Eurigen/von euch aus telefonieren?

Des Weiteren tritt das Zugehörigkeitssuffix an Substantive und Adverbien unmittelbar an und bildet aus ihnen Adjektive:

дүүнгү	gestrig	бөгүнгү	heutig
чайгы	sommerlich	кышкы	winterlich
эртенги	morgendlich	кежээки	abendlich
баштайгы	erster	сөөлгү	letzter

Тываның климады кургаг; кышкы үеде кончуг соок, а чайгы үеде изиг.	Tyvas Klima ist trocken; in der Winterzeit sehr kalt, und in der Sommerzeit heiß.

8. Verbstämme auf **-ле**

Durch Anfügung des Suffixes **-ле** an Substantive und Adjektive entstehen Verbstämme:

эм	Medikament	эмне-	ärztlich behandeln
чугаа	Gespräch, Rede	чугаала-	sprechen, erzählen
ажыл	Arbeit	ажылда-	arbeiten
чурт	Land, Heimat	чуртта-	leben, wohnen

9. Iterative Verbstämme

Verbstämme erhalten iterative Bedeutung, indem man sie um **-гиле** erweitert. Die Form beinhaltet nicht nur, dass man die Handlung mehrfach oder wiederholt, sondern auch nur ein wenig oder rasch ausführt. Bei Verbstämmen auf Vokal bleibt das **г** im Allgemeinen erhalten:

бижи-	schreiben	бижигиле-	mehrfach schreiben
бер-	geben	бергиле-	mehrfach geben
иш-	trinken	ишкиле-	mehrfach trinken
ажылда-	arbeiten	ажылдагыла-	mehrfach arbeiten
номчу-	lesen	номчугула-	mehrfach lesen

Кыжын хөлчок соок болгулаар.	Im Winter wird es immer wieder sehr kalt.
Мен шайдан куткулаан мен.	Ich habe mal eben/schnell ein wenig von dem Tee eingeschenkt.

10. Zessitative Verbstämme

Das Aufhören einer Handlung wird zum Ausdruck gebracht, indem man das Suffix **-ле** an das negierte Themasuffix Form **-вес** (vgl. S. 58) eines Verbs anfügt:

бижи-	schreiben	биживесте-	nicht mehr schreiben
бер-	geben	бербесте-	nicht mehr geben
иш-	trinken	ишпесте-	nicht mehr trinken
ажылда-	arbeiten	ажылдаваста-	nicht mehr arbeiten
номчу-	lesen	номчуваста-	nicht mehr lesen

Телевизор ажылдавастап тур.	Der Fernseher funktioniert nicht mehr.
Школаны дооскаш, номнар номчувастап калган мен.	Als ich die Schule beendet hatte, habe ich aufgehört, Bücher zu lesen.
Хем улгаткаш, паром чорбастаан.	Als/weil der Fluss über die Ufer getreten ist, hat die Fähre aufgehört zu fahren.

11. Desiderative Verbstämme

Der Wunsch etwas zu tun entsteht, indem man an einen Verbstamm das Suffix **-(и)ксе** anfügt:

бижи-	schreiben	бижиксе-	schreiben wollen
бер-	geben	бериксе-	geben wollen
иш-	trinken	ижиксе-	trinken wollen
номчу-	lesen	номчукса-	lesen wollen

Тыва дылды өөрениксеп тур мен.	Ich will/möchte Tyva lernen.
Чүнү ижиксеп тур силер?	Was wünschen Sie zu trinken?
Бис шай ижиксеп тур бис.	Wir möchten/wollen Tee trinken.

12. Reflexive Verbstämme

Das Suffix zur Bildung reflexiv erweiterter Verbstämme lautet **-(и)н**:

бил-	wissen, verstehen	билин-	sich bewusst machen
көр-	sehen, schauen	көрүн-	sich umsehen
белетке-	vorbereiten	белеткен-	sich vorbereiten
макта-	loben	мактан-	prahlen, sich brüsten
чуг-	waschen	чугун > чун-	sich waschen

Zu dieser Gruppe zählen auch Verben mit der reflexiven Form von **-ле**:

дидим	mutig, tapfer	дидимнен-	Mut fassen
удур	entgegen	удурлан-	sich widersetzen

Eine Reihe von Verbstämmen auf **т** erhält ein doppeltes Reflexivsuffix, das zu einer Silbe verschmolzen ist: **-ин-ин > -дин**:

кет-	anziehen	кеттин-	sich anziehen
ажыт-	öffnen	ажыттын-	sich öffnen
тут-	fassen, halten	туттун-	sich festhalten
хаг-	schließen	хагдын-	sich schließen
чот-	abtrocknen	чоттун-	sich abtrocknen

13. Reziproke Verbstämme

Das Suffix zur Bildung reziproker Verbstämme lautet **-(и)ш**:

айтыр-	fragen	айтырыш-	sich gegenseitig fragen
дузала-	helfen	дузалаш-	einander helfen
көр-	sehen, schauen	көрүш-	einander sehen
таны-	kennen	таныш-	sich kennen (lernen)
чугаала-	sprechen, sagen	чугаалаш-	sich unterhalten

Hierzu zählen auch Verben mit der reziproken Form von **-ле**:

найырал	Freundschaft	найыралдаш-	sich anfreunden
чагаа	Brief	чагаалаш-	Briefe wechseln

Neben seiner reziproken Bedeutung hat dieses Suffix auch kooperative Bedeutung:

ажылда-	arbeiten	ажылдаш-	mitarbeiten
ырла-	singen	ырлаш-	mitsingen
каттыр-	lachen	каттырыш-	mitlachen
маңна-	laufen	маңнаш-	mitlaufen
тут-	fassen, halten	тудуш-	gemeinsam fangen

14. Kausative Verbstämme

Das Tyva kennt mehrere Kausativsuffixe.

Das Suffix **-(г)ис/ø-гис** folgt auf einsilbige Verbstämme, die auf **к**, **п**, **р**, **т**, wie auch vereinzelt auch auf mehrsilbige Verbstämme auf Vokal enden, deren Endvokal entfällt:

ак-	fließen	агыз-	fließen lassen
хып- (кып-)	brennen	кывыс-	anzünden
көр-	sehen, schauen	көргүс-	zeigen
тур-	aufstehen	тургус-	aufstellen, erbauen
эри-	schmelzen	эргиз-	schmelzen lassen

Das Kausativsuffix **-т** folgt auf mehrsilbige Verbstämme, die auf Vokal oder auf **-р** enden:

доктаа-	stehen bleiben	доктаат-	zum Stehen bringen
өөрү-	sich freuen	өөрүт-	erfreuen
уду-	schlafen	удут-	schlafen lassen
каттыр-	lachen	каттырт-	zum Lachen bringen
олур-	sitzen, sich setzen	олурт-	setzen, pflanzen

Das Kausativsuffix **-дир** folgt auf einsilbige Verbstämme auf **л**, **н**, **с**, **рт** sowie auf mehrsilbige Verbstämme, die auf **н** oder **ш** enden:

дол-	voll sein, sich füllen	долдур-	füllen
өс-	wachsen	өстүр-	aufziehen, züchten
эрт-	vorbeigehen	эрттир-	verbringen (Zeit)
таныш-	sich kennen (lernen)	таныштыр-	bekannt machen
хайын-	sieden, kochen	хайындыр-	zum Kochen bringen

Bei einigen einsilbigen Verbstämmen, die auf **л**, **н**, **ң**, **т**, **ш** enden, entfällt der Anfangskonsonant des Kausativsuffixes:

өл-	sterben	өлүр-	töten, erlegen
одун-	aufwachen	оттур-	wecken
доң-	gefrieren	доңур-	einfrieren
чит-	verloren gehen	чидир-	verlieren
өш-	verlöschen	өжүр-	auslöschen

15. Das Passiv

Für die meisten Verben lautet das Passivsuffix **-(и)л**:

доос-	beenden	доозул-	enden, zu Ende gehen
дыңна-	hören, zuhören	дыңнал-	gehört werden
кут-	gießen, eingießen	куттул-	eingegossen werden
төк-	ausgießen	төгүл-	ausgegossen werden
чуг-	waschen	чуул-	gewaschen werden

Die Formen des Perfekts auf **-ген** können auch passive Bedeutung haben:

Бо тон кештен кылган.	Dieser Mantel ist aus Pelz gemacht.

Aus einer Verbindung von Kausativ- und Reflexivsuffix lässt sich bei mehrsilbigen Verbstämmen auf Vokal eine Reihe weiterer passiver Verbformen bilden. Möglicherweise handelt es sich aber auch hier um ein doppeltes Reflexivsuffix (vgl. S. 106):

үндезиле-	gründen	үндезилеттин-	sich gründen lassen, gegründet werden
төрү-	gebären	төрүттүн-	sich gebären lassen, geboren werden
ада-	nennen	адаттын-	sich nennen lassen, genannt werden
чуру-	malen, zeichnen	чуруттун-	sich zeichnen lassen, gezeichnet werden

Каяа төрүттүнген силер?	Wo sind Sie geboren?
Бо хоорай кажан үндезилеттингенил?	Wann wurde diese Stadt gegründet?

Anhang

Übersicht über die tyvanischen Suffixe

	Suffixe der kleinen Vokalharmonie:
-(е)м	Partikel 100
-(и)ңер	Imperativ 2. Person Plural 61
-(н)ге	Dativ 15
-(н)де	Lokativ 17
-(н)ден	Ablativ 18
ø-элдирзи	Kollektivzahlen 38
ø-элээ(н)	Kollektivzahlen 38
-ве	Negation Vollverb 55
-вейн	negiertes Konverb 93
-вес	verneintes Themasuffix Präsens-Futur 58
-весте	Verbbildung 105
-вээн	verneintes Themasuffix Perfekt 68
-гей	Themasuffix Voluntativ 65
-геле	Konverb 96
-гелек	Themasuffix 60, 85
-ген	bejahtes Themasuffix Perfekt 68, 76
-геш	Konverb 93
-е	Konverb nach Konsonant 86
-ейн	Optativ 1. Person Singular 63
-ер	bejahtes Themasuffix Präsens-Futur 58, 80
-же	Direktiv 19
-жек	Substantivbildung 102
-зе	konditionale Personalendung 3. Person 73
-ле	Verbbildung 104
-ле	Partikel 99
-лер	Plural 14
-ээли(ңер)	Optativ 1. Person Plural 63

	Suffixe der großen Vokalharmonie:
-(д)ир	Kausativ 108
-(з)и	Possessiv 3. Person Singular und Plural 20
-(и)вис	Possessiv 1. Person Plural 20
-(и)ишкин	Substantivbildung 102
-(и)ксе	Verbbildung 106
-(и)кчи	Substantivbildung 101
-(и)л	Fragepartikel 35
-(и)л	Passiv 108
-(и)лге	Substantivbildung 102
-(и)м	Possessiv 1. Person Singular 20
-(и)н	Reflexiv 106
-(и)ң	Possessiv 2. Person Singular 20
-(и)ңер	Possessiv 2. Person Plural 20
-(и)п	Konverb 87
-(и)ш	Reziprok und Kollektiv 107
-вишаан	Themasuffix und Konverb 59, 94
-ги	Ordinalzahlen 41
-ги/ки	Zugehörigkeit 104
-гиже	Konverb 95
-гиле	Verbbildung 105
-гис	Kausativ 107
-ди	perfektische Personalendung 3. Person Singular 66
-дивис	perfektische Personalendung 1. Person Plural 66
-дим	perfektische Personalendung 1. Person Singular 66
-диң	perfektische Personalendung 2. Person Singular 66
-диңер	perfektische Personalendung 2. Person Plural 66
-дир	Partikel 100
-жи	Substantivbildung 101
-жигеш	Substantivbildung 102
-жик	Bruchzahlen 43
-жик	Themasuffix rhetorisches Perfekt 69
-зивиссе	konditionale Personalendung 1. Person Plural 73
-зимеер	Abschwächung Adjektiv 27
-зимзе	konditionale Personalendung 1. Person Singular 73
-зин	Imperativ 3. Person 62
-зиңерзе	konditionale Personalendung 2. Person Plural 73

-зиңзе	konditionale Personalendung 2. Person Singular 73
-и	Konverb nach Konsonant 86
-иили(ңер)	Optativ 1. Person Plural 63
-ийн	Optativ 1. Person Singular 63
-ир	bejahtes Themasuffix Präsens-Futur 58, 80
-ли(лер)	perfektische Personalendung 3. Person Plural 66
-лиг	Adjektivbildung 103
-лиишкилер	Substantivbildung 102
-н(и)	Akkusativ 17
-нии	substantivierter Possessiv 32
-ниң	Genitiv 15
-шкилер	Substantivbildung 102

Die deutschen Nebensätze und ihre tyvanischen Entsprechungen

als (temporal)	-генде 77, -ерге/ирге 82, -геш 93
als ob (modal)	-ген ышкаш 79, -ер/ир ышкаш 83
bevor (temporal)	-ер/ир мурнунда 82
bis (temporal)	-ирге/ирге чедир 82, -гиже 96
damit, dass (final)	-зин дээш 92
dass-Sätze	-ген 76, -ер/ир 81
indem (modal)	-й/е/и 86, -вишаан 94
Infinitiv mit *zu*	-ер/ир 80
kaum dass	-ери/ири биле(к) 82
nachdem (temporal)	-ген соонда 77, -геш 93
obwohl (konzessiv)	-зе-даа 74, -геш 93
ohne zu (modal)	-вейн 93
Relativsätze	-ген 78, -ер/ир 83, -гелек 85
seitdem (temporal)	-генден бээр 78, -геле 95
sobald (temporal)	-ерге/ирге 82, -геш 93
solange (temporal)	-гиже 96
statt dass, statt zu	-ир/ир орнунга 82
um zu (final)	-ер/ир дээш 80
während (temporal)	-ерге/ирде 83
weil (kausal)	-генден, -ген дээш/ужун/ужурунда 77, -геш 93
wenn (temporal)	-генде- 77
wenn (konditional)	-зе 73
wenn auch (konzessiv)	-зе-даа 74
wie (modal)	-ген дег 79
wobei (modal)	-й/е/и 86, -вишаан 94

Alphabetisches Vokabelverzeichnis

а

а	und, aber, sondern
аажок	sehr
аал	Aul, Siedlung
аалчы	Gast
аары-	erkranken
аас	Mund
ава	Mutter
август	August
автобус	Bus
агаар	Luft, Wetter
агаарла-	spazieren
агыз-	fließen lassen
агым	Strömung
ада	Vater
ада-	nennen
адак	Unterseite; unter
адаттын-	genannt werden
адрес	Adresse
адыг	Bär
ажыг	mehr
ажык	geöffnet
ажыл	Arbeit
ажылда-	arbeiten
ажылдаш-	mitarbeiten
ажыт-	öffnen
ажыттын-	sich öffnen
Азия	Asien
азы	oder
азы ... азы	entweder ... oder
ай	Mond, Monat
айтыр-	fragen
айтырыш-	sich fragen
айыт-	hinweisen, zeigen
ак	weiß
ак-	fließen
акы	älterer Bruder
ал-	nehmen, bekommen
алгыр-	schreien
алдан	sechzig
алды	sechs
алдын	Gold
але	ja, doch
ам	jetzt, schon
ам дораан	jetzt, gleich
ам чаа	gerade eben
ам-даа	immer noch
амдан	Geschmack
амданныг	schmackhaft
амдыызында	vorläufig
амыдырал	gültigen
амыра-	sich freuen
аңаа	dort, dorthin
аңгыда	ein anderer
аңна-	jagen
аңчы	Jäger
аппар-	hinbringen
апрель	April
ара	Zwischenraum
арай-ла	kaum
арт	Rückseite
арт-	zurückbleiben
артык	mehr
арыг	Wald
арын	Gesicht
ас-	sich verirren
ат	Name
ат-	werfen, schießen
аттыг	mit Namen
ача	Vater
аш-	übersteigen
ашак	alter Mann

аърга-арыг	Wald
аът	Pferd
аъттан-	abreisen
аэропорт	Flughafen

б

бар	vorhanden
баг	Gürtel
бажың	Haus
база	auch, noch
байыр чедир-	Glück wünschen
байырлал	Fest
балык	Fisch
балыкчы	Fischer
бар-	(hin)gehen
барык	fast, beinahe
башкы	Lehrer
баштай	zuerst
баштайгы	erster
бе	Fragepartikel
бежен	fünfzig
безин	sogar, nicht einmal
белек	Geschenk
белен	bereit
белетке-	vorbereiten
белеткен-	sich vorbereiten
бер-	geben
берге	schwierig
беш	fünf
библиотека	Bibliothek
бижи-	schreiben
бил-	wissen, verstehen
биле	mit, mittels
билет	Eintrittskarte
билин-	sich bewusst sein
билиш-	sich verstehen
бир	eins, ein
бир кижи	jemand
бир шагда	irgendwann
бир эвес	wenn
бир(-ле) чүве	eine Sache, etwas
бис	wir
бистии	unserer
биче	klein, ein wenig
бо	dieser
бода-	denken
боданыш-	mit überlegen
бол-	werden, sein
болгаш	nach Ablauf von, in
болуш-	unterstützen
бот	Körper, Selbst
бөгүн	heute
бөгүнгү	heutig
бөрт	Hut
бөрү	Wolf
будук	Zweig
бурунгаар	früher, davor
бурунгу хүн	vorgestern
бүдүн	Ganzes
бүрү	jeder
быш-	kochen, reifen
быштак	Käse
бээр	hierher, seit

в

вокзал	Bahnhof
воскресенье	Sonntag
вторник	Dienstag

г

грипп	Grippe

д

-даа … -даа	sowohl ... als auch, weder ... noch
даарта	morgen
дааш	Geräusch
даг	Berg

дагаа	Hahn, Huhn
далаш-	eilen
дамчыт-	übertragen, senden
дамчыштыр	mittels, durch
даң	Morgendämmerung
даш(ын)	Äußeres; außerhalb
даштыкы	äußerer
даштыкы дыл	Fremdsprache
даштын	draußen
де/ди-	sagen
дег	(genau) wie
дег-	berühren
декабрь	Dezember
делгелге	Ausstellung
деңзиле-	abwiegen
дескин-	kreisen
дидим	mutig, tapfer
дидимнен-	Mut fassen
дидир-	zittern
диис	Katze
дилги	Fuchs
диле-	suchen, bitten
диштанылга	Erholung, Ferien
доктаа-	stehen bleiben
доктаат-	anhalten
дол-	voll sein
долгандыр	um ... herum
долдур-	füllen
доң-	(ge)frieren
доңур-	einfrieren
доозул-	enden, zu Ende gehen
доос-	beenden
дораан	sofort
дош	Eis
доштуг океан	Eismeer
дөгере	vollständig
дөө (доо, дуу)	der da
дөөнде	da
дөрт	vier
дөртен	vierzig
дугаар	Nummer
дуза	Hilfe
дузала(ш)-	helfen
дузалакчы	Helfer
дузалаш-	einander helfen
дуңма	jüngerer Bruder/ Schwester
дургаар	längs, entlang
дургу	Verlauf; im Verlauf, während
дус	Salz
дустуг	salzig
душ	Gegenüber
дүгээ	da hin
дүлгүүр	Schlüssel
дүн	Nacht
дүрген	schnell
дүүн	gestern
дүүнгү	gestrig
дүш-	aussteigen, fallen
дүштеки чем	Mittagessen
дүъш	Mittag
дыка	wie sehr
дыл	Sprache
дыңзыдыр	hörbar, laut(er)
дыңна-	(zu)hören
дыңнакчы	Zuhörer
дыштан-	ausruhen
дыштанылга	Ferien, Erholung
дээш	wegen, für

ё

ёзугаар	entsprechend, gemäß

и

иви	Rentier
ивижи	Rentierzüchter
ижин	Inneres, Leib
изиг	heiß
ийе	ja
ийи	zwei
ийик	möglicherweise, denn, etwa
илдең	bemerkbar
илерет-	zum Ausdruck bringen
инек	Kuh
иш-	trinken
иш(ин)	Inneres
июль	Juli
июнь	Juni

к

каарган	Rabe
каг-	werfen
кадай	Ehefrau
кадай ал-	heiraten (m.)
кадар	hüten, weiden
кадык	Gesundheit
кажан	wann
кажан-даа	immer, niemals
кажар	schlau
казыш-	mit graben
кайда	wo
кайда-даа	überall, nirgends
кайнаар	wohin
кайы хире	wie sehr
кайы(зы)	welch(er)
кайыын	woher
кал-	bleiben
кандыг	was für ein
кандыг-бир чүве	irgendetwas
канчаар	auf welche Art
кара	schwarz
карак	Auge
карак чажы	Träne
каракта-	aufpassen
караңгы	Dunkelheit
кат	Beere
катап	Mal
каттыр-	lachen
каттырт-	zum Lachen bringen
каттырыш-	mitlachen
каш	wie viele
каш дугаар	der wievielte
каът	Etage
каяа	wo, wohin
каяа-даа	überall, nirgends
кежир	über, hinüber
кежээ	Abend
кежээки	abendlich
кежээки чем	Abendessen
кежээниң	abends
кезер эмчи	Chirurg
кезээде	immer
кел-	kommen
кес-	schneiden
кет-	anziehen
кеттин-	sich anziehen
кеш	Pelz
кижи	Mensch, Person
кино	Kino
кир-	hineingehen
кириш-	teilnehmen
кичээнгейлиг	aufmerksam
класс	Klasse
кожа	Nachbar
колун	Gürtel, Gurt
концерт	Konzert

кончуг	sehr
корт-	sich fürchten
кофе	Kaffee
көвүрүг	Brücke
көдээ	Land
көзүл-	sich zeigen
көк	grün, blau
көөрге	hinsichtlich
көр-	sehen
көр-	sehen, schauen
көргүс-	zeigen
көрүкчү	Zuschauer
көрүн-	sich umsehen
көрүш-	sich sehen
көш-	umsiedeln
кудумчу	Straße
кулун	Fohlen
кургаг	trocken
кут-	eingießen
куш	Vogel
күзе-	wünschen, wollen
күзелдии-биле	mit Vergnügen
күзүн	im Herbst
күс	Herbst
күш	Kraft
күштел-	stärker werden
күштүг	kräftig, stark
кывыс-	anzünden
кыдырааш	Heft
кыжын	im Winter
Кызыл	Kyzyl (Stadt)
кызыл	rot
кыл-	machen, tun
кылаңайн-	glänzen
кылашта-	marschieren
кылдыр	nach Art wie
кым	wer
кым-бир	irgendjemand
кым-даа	jemand, niemand
кымныы	wem gehörend
кыр	Oberseite; auf
кырган-ава	Großmutter
кырган-ача	Großvater
кырыш-	sich streiten
кыс	Mädchen, Tochter
кыш	Winter
кышкы	winterlich
кышкыр-	schreien
ландыш	Maiglöckchen

л

-ле	doch, schon, wirklich
лыжала-	Ski fahren

м

магазин	Kaufhaus
май	Mai
макта-	loben
мактан-	sich brüsten
мал	Vieh
мана-	warten
маңаа	hier, hierher
маңна-	laufen, rennen
маңнаш-	mitlaufen
маргыш-	streiten
март	März
машина	Auto
медээ	Nachricht
мен	ich
минута	Minute
могава-	müde werden
моон	von hier
моюн	Hals
мөңгүн	Silber

мөөгү	Pilz
музей	Museum
муң	tausend
мурнуу чүк	Süden
мурун	Nase, Vorderseite
мынаар	hierher
мында	hier
мындыг	derartig
мырыңай	völlig
мээңии	meiner

н

найырал	Freundschaft
найыралдаш-	sich anfreunden
намда-	nachlassen
неделя	Woche
ногаан	grün
ном	Buch
номчу-	lesen
номчукчу	Leser
номчулга	Lektüre, Lesung
ноябрь	November

о

одун-	aufwachen
озалда-	sich verspäten
озалдаашкын	Verspätung
ойна-	spielen
октябрь	Oktober
ол	jener, er
олар	sie
оларныы	ihrer
олур-	sitzen, sich setzen
олурт-	setzen, pflanzen
он	zehn
оол	Sohn, Junge
оон	von dort
оон ыңай	weiter
ооңуу	seiner
орайта-	spät werden
оралдаш-	sich bemühen
орук	Weg
орус	russisch
оскун-	fallen lassen
оттур-	wecken
очулдур-	übersetzen
очулдурукчу	Übersetzer
оът	Gras
оътта-	grasen
оюн	Spiel

ө

өг	Wohnzelt, Jurte
өг-бүле	Familie
өжүр-	auslöschen
өйүнде	rechtzeitig
өл-	sterben
өлүр-	töten, erlegen
өңнүк	Freund
өөредилге	Lehre, Studium
өөрен-	lernen, studieren
өөреникчи	Schüler
өөрет-	unterrichten
өөрүнчүг	erfreulich
өөрү-	sich freuen
өөрүт-	erfreuen
өөрүшкү	Freude
өөрүшкүлүг	erfreut
өрше-	verzeihen
өрээл	Zimmer
өс-	wachsen
өске	anderer, außer
өскерил-	sich verändern
өскерт-	verändern

өстүр-	aufziehen
өттүр	durch ... hindurch
өш-	verlöschen
өшкү	Ziege

п

пар	Tiger
паром	Fähre
поезд	Zug
понедельник	Montag
почта	Post
почтальон	Briefträger
прги	denn wohl
пятница	Freitag

р

расписание	Fahrplan
рецепт	Rezept
рубль	Rubel

с

сагын-	sich erinnern
сагын-	sich merken
сагышсыра-	besorgt sein
сад	Garten
садыг	Laden, Geschäft
садып ал-	kaufen
сал-	setzen, legen
салдар	Einfluss, Wirkung
самолёт	Flugzeug
сан	Zahl, jeder
сана-	zählen, rechnen
сарлык	Yak
сарыг	gelb
сат-	verkaufen
сезен	achtzig
сезин-	vermuten
сен	du
сентяврь	September
сес	acht
силернии	eurer/Ihrer
силэр	ihr, Sie
согуш-	sich bekämpfen
соксат-	aufhören
сокта-	klopfen
солун	Zeitung
соң	Ende; hinter, nach
соңга	Fenster
соңгаар	später, danach
соңгу	nördlich
соңгу чүк	Norden
соңгузу хүн	übermorgen
соо-	kalt werden
соок	kalt
соокка алыс-	sich erkälten
сөөлгү	letzter
сөс	Wort
среда	Mittwoch
стакан	Glas
стол	Tisch
студент	Student
суббота	Samstag
суг	Wasser
суггур чаъс	Regenschauer
суур	Dorf
сүмеле-	empfehlen
сүт	Milch
сыңын-	sich anschmiegen
сыңыш-	Platz finden
сээңии	deiner

т

таакпыла-	rauchen
тавар(ыш)-	antreffen, begegnen
тайга	Taiga
таны-	kennen

таныш-	sich kennen (lernen)
таныштыр-	bekannt machen
театр	Theater
теве	Kamel
телевизор	Fernseher
телефон долга-	anrufen
телефонна-	telefonieren
теп-	treten
теплоход	Schiff, Dampfer
тергиин	äußerst
тик	null
тозан	neunzig
тон	Mantel
тоол	Märchen
тоолчу	Märchenerzähler
тос	neun
төгүл-	sich ergießen
төк-	ausgießen
төле-	bezahlen
төндүр-	beenden
төп	Zentrum
төрел	Verwandter
төрү-	gebären
төрүттүн-	geboren werden
төрээн чурт	Vaterland
тудуг	Bauwesen, Bau
тудугжу	Architekt
тудус-	aushändigen
тудуш-	mit fangen
туман	Nebel
тур-	(auf)stehen, sein
тура	Wille
тураскаал	Erinnerung
тургус-	aufstellen, erbauen
туруп ыдар > туруптар-	ermüden
тут-	fassen, halten
туттун-	sich festhalten
тывала-	Tyva sprechen
тывыл-	sich befinden
тывыш-	mit finden
тып-	finden

У

угаан	Verstand
угааннык	verständig, klug
угба	ältere Schwester
удаа-дараа	oft
удавас	bald
уду-	schlafen
удур	entgegen
удурлан-	sich widersetzen
удут-	schlafen lassen
ужул-	ausziehen
ужун	wegen, für
ужур, уржук	Folge, Ursache
ужураш-	sich treffen
ужурлуг	ratsam
узун	lang
улгат-	überfluten
улуг	groß
Улуг-хем	Jenisej
улуг-хүн	Sonntag
улус	Volk, Leute
уруг	Kind
ут-	vergessen
утку-	treffen, begegnen
уш-	fliegen

Ү

үде-	geleiten
үе	Zeit(raum)
үжен	dreißig
үн-	herauskommen, hinausgehen

үндезиле-	gründen
үр	lange Zeit
үргүлчү	immer
үш	drei

ф

февраль	Februar
футбол	Fußball

х

хаг-	schließen
хагдын-	sich schließen
хадың	Birke
хайын-	sieden, kochen
хайындыр-	zum Kochen bringen
хам	Schamane
хамнаарак	Lerche
хар	Lebensjahr
хар	Schnee
хараачыгай	Schwalbe
хəралаан	leider
хартыга	Habicht
харыыла-	antworten
хевээр	nach wie vor
хей черге	vergebens
хем	Fluss
хенертен	plötzlich
хеп	Kleidung
херек	notwendig
херээжен	Frau
хире	ungefähr
хой	Schaf
хол	Hand, Arm
хол майгыны	Schirm
хоорай	Stadt
хостуг	frei
хоюс-	aufstöbern
хөглүг	fröhlich
хөй	viel
хөйлең	Hemd
хөл	See
хөлчок	übermäßig
хөмүш-	mit vergraben
хөнек	Teekessel
хөө	Ruß
хурал	Versammlung
хуу	Teil, Prozent
хуусаа	Frist, Zeitpunkt
хүн	Tag, Sonne
хүндүс	tags
хымыс	Kumys
хып- (кып-)	brennen

ч

чаа	neu
чаашкын	Regen
чаг-	regnen, schneien
чагаа	Brief
чагаалаш-	Briefe wechseln
чада-	außerstande sein
чадавас	möglich
чадаг	zu Fuß
чазын	im Frühling
чай	freie Zeit
чай	Sommer
чай-	winken
чайгы	sommerlich
чайлаг	Sommerweide
чала-	rufen, einladen
чалалга	Einladung
чамдыкта	manchmal
чан	Seite; neben
чан-	zurückkehren
чаңгыс	einziger, der selbe
чаңчык-	sich angewöhnen

чарлыышкын	Abschied
чартык	Hälfte, halb
чарыл-	sich verabschieden
час	Frühling
чаъс	Regen
чеден	siebzig
чеди	sieben
чедиишкин	Erfolg
чедир	bis
чеже	wie viele
челис-	traben
чем	Essen, Speise
чемгер-	füttern
чер	Land
черле	denn nur
чет-	erreichen
четверг	Donnerstag
четтик-	erfolgreich sein
четтир-	zufriedengestellt sein, sich bedanken
чечектел-	blühen
чи-	essen
чигир	Zucker
чигирлиг	zuckrig
чидир-	verlieren
чидиртингир	essbar
чит-	verloren gehen
чогу-	sich lohnen
чогум	denn nur
чок	nicht vorhanden
чок болза … чок болза	entweder oder
чоок	nahe
чоп	ja, doch
чор(у)-	gehen, fahren
чоруй бар-	sich bewegen
чорук	Angelegenheit, Reise

чорут-	schicken
чот-	abtrocknen
чоттун-	sich abtrocknen
чөпшээре-	gestatten
чуг-	waschen
чугаа	Gespräch, Rede
чугаала-	sprechen, erzählen
чугаалаш-	sich unterhalten
чугун > чун-	sich waschen
чурт	Heimat
чуртта-	leben, wohnen
чуру-	malen, zeichnen
чурук	Bild
чүге	wozu
чүге дизе	denn
чүге дээрге	denn
чүгле	nur, erst
чүс	hundert
чүстүк	Ring
чүү	was
чүү-даа	etwas, nichts
чыг-	sammeln
чыл	Jahr
чылыг	warm
чыры-	leuchten, strahlen
чыт-	liegen, sich legen
чээрби	zwanzig

ш

шаанда	früher
шагда-ла	schon lange
шай	Tee
шак	Uhr, Stunde
шаптыкта-	behindern
шии	Vorstellung
шимдин-	sich schließen
шимээн	Lärm
шкаф	Schrank

школа	Schule
шөй-	herausziehen
шөл	Feld
шупту	alle, alles
шүлүк	Gedicht
шүлүкчү	Dichter
шүүл-	siegen
шыгжа-	aufbewahren
шыда-	können
шымын-	eintauchen
шын	richtig

ы

ынаар	dorthin
ынак бол-	lieben
ында	dort
ынчалза-даа	aber, dennoch, trotzdem
ынчаш	denn nur
ырак	weit
ырла-	singen
ырлаш-	mitsingen
ыт	Hund
ыт-	schicken
ышкаш	gleich, ebenso wie
ыынчаарда	damals
ыыт	Stimme, Ton
ыяш	Baum, Holz

э

эвес	nicht
эг-	zurückkehren
эгеле-	anfangen, beginnen
эгелеп	von ... an
эген-	sich genieren
эгидиишкин	Rückgabe
эгин	Schulter
эгит-	zurückgeben
эжик	Tür
эжин-	schwimmen
эки	gut
эккел-	herbringen
эм	Medikament
эм-	saugen
эмин эрттир	übermäßig
эмне-	verarzten
эмчи	Mediziner, Arzt
эң	höchst, am meisten
эргиз-	schmelzen lassen
эри-	schmelzen
эрик	Ufer
эрт-	vorbeigehen
эрте	früh
эртен	Morgen, morgens
эртенги чем	Frühstück
эртенги	morgendlich
эрттир-	verbringen (Zeit)
эскер-	bemerken
эш	Partner
эът	Fleisch
ээ	Herr, Besitzer
ээк-	sich bücken

я

яблок	Apfel
январь	Januar

Sachregister

Literaturverzeichnis

Aydemir, Ibrahim: Konverbien im Tuwinischen. Wiesbaden 2009

Harrison, K. D.: Topics in the phonology and morphology of Tuvan. 2001

Исхаков, Фазыл Гарифович; Пальмбах, Александр Адольфович: Грамматика тувинского языка. Фонетика и морфология. Москва 1961

Johanson, Lars: Tuwinische Postverbien und chaladschische Imperative. Roter Altai, gib dein Echo, 2005, S. 183–186

Johanson, Lars: On Turkic transformativizers and nontransformativizers. Turkic Languages 8, 2004, S. 179–189

Krueger, John Richard: Tuvan Manual. Bloomington 1997

Menges, Karl N.: The South-Siberian Languages. Central Asiatic Journal 1, 1955, S. 107–136; 2, 1956, S. 161–175

Menges, Karl N.: Die türkischen Sprachen Süd-Sibiriens. Central Asiatic Journal 4, 1959, S. 90–129; 5, 1959, S. 97–150

Монгуш, Доруг-оол Алдын-оолович: Русско-тувинский учебный словарь. Москва 1988

Oelschlägel, Anett C.: Der Taigageist. Berichte und Geschichten von Menschen und Geistern aus Tuwa, Südsibirien. Zeitgenössische Sagen und andere Folkloretexte. Marburg 2013

Салзынмаа, Елизавета Боракаевна: Русско-тувинский разговорник. Кызыл 1991

Салзынмаа, Елизавета Боракаевна: Учебник тувинского языка для студентов русской группы филологического факультета Кызылского государственного педагогического института. Кызыл 1980

Schönig, Claus: South Siberian Turkic. The Turkic Languages. London 1998, S. 403–416

Селиверстова, Галина Михайловна; Базыр, Галина Седип-ооловна; Сюрюн-оол, Вера Васильевна: Өңнүктер. Учебник тувинского языка для 5 класса русской школы. Кызыл 2002